팔레스타인의 파괴는 지구의 파괴다

The Destruction of Palestine Is the Destruction of the Earth
First published by Verso 2024
Parts of this book first published on the Verso Blog, 8 April and 28 May 2024
© Andreas Malm 2024

All rights reserved.

No part of this publication may be used or reproduced in any form or by any means without written permission except in the case of brief quotations embodied in critical articles or reviews.

For the Korean Edition Copyright © 2025 by Secondthesis
Korean edition is published by arrangement with Verso through BC Agency, Seoul.

팔레스타인의 파괴는 지구의 파괴다

지은이 안드레아스 말름
옮긴이 추선영

1판 1쇄 발행 2025년 7월 15일

펴낸곳 두번째테제
펴낸이 장원
등록 2017년 3월 2일 제2017-000034호
주소 (13290) 경기도 성남시 수정구 수정북로 92, 태평동락커뮤니티 301호
전화 031-754-8804 | 팩스 0303-3441-7392
전자우편 secondthesis@gmail.com
블로그 blog.naver.com/secondthesis

ISBN 979-11-90186-48-3 03910

이 책의 한국어판 저작권은 BC에이전시를 통해 저작권자와 독점 계약을 맺은 두번째테제에 있습니다. 저작권법에 의해 한국 내에서 보호를 받는 저작물이므로 무단전재와 복제를 금합니다.

책값은 뒤표지에 있습니다. 잘못된 책은 바꾸어 드립니다.

팔레스타인의 파괴는 지구의 파괴다

The Destruction of Palestine

Is the Destruction of the Earth

안드레아스 말름 지음
추선영 옮김

추천사

덩야핑, 팔레스타인평화연대 활동가

그간 팔레스타인의 해방은 기후 정의의 문제이기도 하다고 외쳐 왔지만, 이스라엘과 미국이 팔레스타인 가자 주민에 대한 홀로코스트를 시작한 이후로 기후 정의를 부차적인 문제로 생각하고 있었다. 이를 반박하듯, 안드레아스 말름은 영국이 팔레스타인을 공격하며 증기 함정을 투입한 1840년을 기점으로 팔레스타인과 기후라는 두 전선을 변증법적으로 연결시킨다. 말름은 꼼꼼한 사료 검토를 통해 지금 전개되는 최초의 선진/후기 자본주의 집단학살에 맞선 팔레스타인의 투쟁이 기후 재난을 만든 서구 부르주아 문명 전체에 맞선 것임을 설득력 있게 논증한다. 말름은 팔레스타인을 거쳐 기후 문제에 도달한 개인사적 여정도 짧게 언급하는데, 이를 통해 우리의 해방이 연결되어 있음을 다시 확인하게 된다. 책에 언급된 가자 앞바다의 가스전 탐사 라이선스를 받은 기업 중에 한국석유공사의 자회사가 끼어 있다는 점에서 더 그렇다. 기후 정의 운동가뿐 아니라 팔레스타인과 연대하고자 하는 운동가, 시민 들에게 필독서로 추천한다.

목차

들어가며: 제재받지 않는   9

팔레스타인의 파괴는 지구의 파괴다   23

부록
홍수 이후: 안드레아스 말름에 대한 반론 _ 마탄 카미네르   153
팔레스타인 저항 세력에 관한 몇몇 반론에 대한 재반론   166

이스라엘 로비 문제 _ 에드 맥널리   209
이스라엘 로비설에 관한 몇몇 반론에 대한 재반론   220

일러두기

1. 이 책은 Andreas Malm, *The Destruction of Palestine Is the Destruction of the Earth*, Verso, 2024를 우리말로 옮긴 것이다. 또한 부록에 본문에 대한 반론 두 편을 각 필자의 허가를 얻어 수록했다. 각각의 제목은 다음과 같다. Matan Kaminer, After the Flood: A response to Andreas Malm; Ed McNally, The Israel Lobby Matters.
2. 지은이 및 옮긴이의 주석은 모두 각주로 처리했으며 본문의 이탤릭체는 굵은 글씨체로 표기했다. 도서, 저널, 언론사명의 경우 겹화살괄호로, 논문 및 기사명은 홑화살괄호로 표기했다.
3. 인명 및 단체명 등의 고유명사는 외래어 표기법을 따르되 널리 사용되는 표현이 있는 경우 그에 따랐다. 이해에 필요한 경우 원어나 한자를 병기했다.

들어가며: 제재받지 않는

　이 서문 바로 뒤에 배치된 내용은 가자 지구에서 집단 학살이 시작된 지 6개월 정도 지난 2024년 4월 4일, 레바논 베이루트 아메리칸 대학교American University of Beirut에서 진행했던 강연 원고이다. 투판 알아크사Tufan al-Aqsa 1주년이 다가올수록 무척 선명해지는 한 가지 사실은 바로 이스라엘 국가가 무슨 일을 저지르더라도 처벌을 피할 수 있으리라는 것이다('투판tufan'은 영단어 'typhoon(태풍)'의 어원으로 호우 또는 폭풍이라는 의미도 가질 수 있다. 그렇지만 투판 알아크사라는 말은 일반적으로 '알아크사 홍수'로 번역된다[옮긴이: 이하 알아크사 홍수로 표기]). 이 서문을 쓰고 있는 시점인 2024년 7월 17일에 확인할 수 있는 가장 최근의 데이터에 따르면 사망자는 3만 8794명에 달한다[한국어판 편집자: 2025년 6월 12일 시점 가자 지구 보건부 발표 사망자 수 5만 5104명]). 그러나 이러한 수치는 병원에 도착한 시신의 수를 헤아린 것에 불과하다. 또 다른 데이터에 따르면 건물 잔해에 깔린 채 묻혀 있는 시신만 12만 구에 달한다고 한다. 확인된 사망자 가운데 1만 6172명이 아동인데, 그 당시 34명은 의사들이 무기력하게 지켜보는 가운데 굶어 죽었다. 점령군은 자신들이 장악한 병원 구내에 일곱 곳에 달하는 구덩이를 파고 시신을 암매장했다. 점령군이 떠난 후 이러한 집단 매장지에서 시신 520구가 발견되었다. 200만 명이 집을 떠나야 했다. 난민들이 몸을 피한 피란처는 상상을 초월할 정도로 과밀했다. 덕분에 대부분의 난민(173만 7524명)은 피란처에 마련된 천막이나 학교에서 살아가는 과정에서 적어도 하나 이상의 감염성 질환에 시달렸다. 그리고 이와 같은 피란처 162곳에 폭격이 이루어졌다. 다해서 주거용 건물 15만 채, 학교 및 대학교 115곳, 이슬람 회당 610곳, 교회 3곳, 고고학 유적지 206곳이 완전히 파괴되었다. 한편, 집계 항목으로 선정되지 못했을 뿐 농지도 파괴되었다. 수리가 불가능할 정도로 파괴된 모든 건물도 이 집계 항목에 포함되어야만 할 것이다.[1] 그러나 당연하

---

1 Government Media Office, Gaza Strip, statistical update, 17 July 2024, *Middle East Observer*.

게도 이러한 수치는 어제의 수치이다. 왜냐하면 파괴 활동의 강도가 누그러지거나 파괴 활동이 중단되는 것이 아니라 연일 계속해서 이어지고 있기 때문이다. 이스라엘 국가가 무슨 일을 저지르더라도 처벌을 피할 수 있으리라는 것이 여기서 다시 한번 확인된다.

사실 [옮긴이: 이스라엘 국가는] 이번에 이루어진 대부분의 집단학살에서 노골적이고 요란한 방식으로 한계를 넘어섰다. 그 이전의 경우, (적어도 몇몇 사람들 눈에) 병원 구내는 이스라엘 점령군이 출입해서는 안 되는 곳으로 보였다. 그에 따라 2023년 말 가자시에 자리 잡은 알아흘리 병원al-Ahli Hospital을 목표물로 삼은 공격이 거듭되었을 때는 (비록 미약하나마) 대중의 항의가 일어났다. 그러자 점령군은 앗쉬파 병원al-Shifa Hospital을 포위하고 여러 차례에 걸쳐 파괴하는 작전을 수행하는 방식으로 그에 대응했다. 그런 뒤 이들은 인도네시아 병원Indonesian hospital, 알쿠드스 병원al-Quds Hospital, 알아말 병원al-Amal Hospital을 비롯한 여러 병원에서도 동일한 방식의 작전을 전개했다. 그 결과, 가자 지구에서는 병원들이 계획적으로 파괴되고 그곳의 환자와 의료진 들이 학살당하는 일이 하나의 정상적인 죽음의 형태로 자리 잡게 되었다. 굶주림 속에서 밀가루 수송 트럭을 기다리고 있던 팔레스타인 사람들을 점령군이 처음으로 학살했을 때는 (적어도 일각에서) 의분義憤이 일어났다. 그러자 점령군은 정확하게 동일한 목표물을 대상으로 보다 더 많은 학살을 자행하는 방식으로 기민하게 반응했다. 그 결과, 학살의 한계 역시 새롭게 쓰였다. 피란처에 마련된 천막에서 지내는 가족들을 목표물로 삼은 폭탄 공격, 민간인 주택 폭파를 자랑스레 떠벌리는 군인들의 모습을 담은 동영상 클립 게시, 팔레스타인 여성들의 속옷을 가지고 노는 군인들의 모습을 담은 사진 게시 등 모든 잔학 행위와 모든 불법 행위에 대한 어떤 종류의 질책 또는 책망에 대해서도, 이스라엘 국가는 동일한 행위를 반복하는 방식으로 대응하여 더 이상 그것을 문제 삼을 수 없는 상황으로 몰아갔다. 이제는 아무도 이스라엘 국가가 팔레스타인 사람들을 상대로 수행하는 일을 제재할 수 없게 되었다. 물론 이스라엘 국가가 이런 식으로 행동한 것이 처음은 아니다. 식민 당국이 이렇게 행동한 것도 처음이 아니다. 《대지의 저주받은 사람들》에서 프란츠 파농은 "식민자에게는 과시벽이 있다. 그들은 자신의 안전을 우려하는 마음가짐으로 '자신이 이곳의 주인'임을 피식민자에게 큰 목소리로 일깨운다"라고 말한다.[2] 정착민 식민주의 국가의 파괴적인 힘을 제한하려는 모든 제안은 정착민 식민주의 국가의 무한한 주권에 의문을 제기하는 것으로 받아들여진다. 따라서 그 제안들은 다시 미친 듯이 날뛰는 재범으로 이어진다. 이러한 동학은 가자 지구와 그 너머의 땅이 초토화될 때까지 계속될 것이다.

2024년 봄에는 [옮긴이: 팔레스타인의] 주인의 주인인 미국이 한계 설정에 영향력을 행사했다. 당시 이스라엘 점령군은 아직 라파에 들어가지 못한 상태였다. 100만 명이 넘는 팔레스타인 사람들이 이 고립된 주거지의 남쪽 끝에 자리 잡은, 1948년에 형성된 난민촌의 비좁은 미로로 내몰렸다. 침공이 이 참사를 새로운 차원으로 끌어올릴 것임을 모르는 사람은 없었다. 이미 세 번, 여섯 번, 열 번 넘게 난민이 되기를 반복해 온 이 모든 사람들은 다시 한번 피란길에 올라야 할 터였다. 아동 대량학살이 벌어질 터였다. 찔끔

---

[2] Frantz Fanon, *The Wretched of the Earth* (Broadway: Grove, 2004[1963]), 17[국역: 《대지의 저주받은 사람들》, 남경태 옮김, 그린비, 2010].

찔끔 제공되는 식량과 원조가 멈추고 말 터였다. 당시 미국 대통령 조 바이든은 이렇게 말했다. "분명하게 말합니다. 만일 그들이 라파에 들어간다면, 아직 라파에 들어간 것은 아니지만 만일 들어간다면, 나는 무기를 제공하지 않을 것입니다." [옮긴이: 미국이 제공하는] 무기 없이는 (전체적인 집단학살 같은) 종류의 작전은 실행될 수 없을 터였다.[3] 즉, 라파는 '한계선'이었다.[4] 라파는 가자 지구의 다른 지역처럼 초토화되어서는 안 되는 지역이었다. CNN은 〈라파에 대한 바이든의 경고가 미국과 전 세계 정치에 당장 미친 영향 Biden's Rafah Warning Sends Immediate Shockwaves through US and Global Politics〉이라는 논평에서 '심지어 조 바이든 대통령의 확고한 지지조차 그 한계에 부딪힐 수 있다'라고 언급했다.[5] 그러나 당연하게도, 점령군은 탱크, 불도저, 전투기를 앞세워 라파에

---

3 Kevin Liptak, 'Biden Says He Will Stop Sending Bombs and Artillery Shells to Israel if it Launches Major Invasion of Rafah', CNN, 9 May 2024.

4 Carlo Martuscelli, 'Biden Warns of "Red Line" for Israel over Gaza', *Politico*, 10 March 2024.

5 Stephen Collinson, 'Biden's Rafah Warning Sends Immediate Shockwaves through US and Global Politics', CNN, 9 May 2024.

들어갔고, 주민들을 내쫓았으며, 표준으로 자리 잡은 일련의 학살을 자행했고, 난민촌을 조직적으로 파괴했다. 이 서문을 쓰고 있는 시점에 이미 이 행정구역에 있던 사회기반시설(우물, 도로, 하수도, 시장)의 70퍼센트 이상이 파괴되었다.[6] 그리고 당연하게도, 미국이 제공하는 무기는 물이 수로를 따라 흘러 내려가는 것처럼 자연스럽게 계속해서 [옮긴이: 이스라엘 국가로] 흘러 들어가고 있다. 베냐민 네타냐후 총리는 미국 의회 연설 도중 기립박수를 44번이나 받았다. 박수가 쏟아진 발언 중에는 다음 같은 것도 있었다.

> 이것은 문명의 충돌이 아닙니다. 야만과 문명의 충돌입니다. 죽음을 미화하는 자와 생명을 신성시하는 자의 충돌입니다. 문명 세력이 승리하려면 미국과 이스라엘이 함께 서야만 합니다. … 우리의 적은 여러분의 적이고, 우리의 싸움은 여러분의 싸움이며, 우리의 승리는 여러분의 승리가 될 것입니다.[7]

---

6 The Mayor of Rafah, Dr Ahmed Al-Sufi , 24 July 2024, *Middle East Observer*.

7 'We're Protecting You: Full Text of Netanyahu's Address to Congress', *Times of Israel*, 25 July 2024; Jacob Magid, 'Netanyahu Checked All the Boxes on His US Trip — Except One', *Times of Israel*, 28 July 2024.

네타냐후 총리와 바이든 대통령은 다시 한번 둘만 마주 앉아 밀담을 나누면서 공조 및 조정의 세부사항을 철저하게 검토했다. 지구의 주인은 팔레스타인의 주인을 절대로 억제하지 않을 것이다.

이것만큼이나 분하고 화나는 (또는 분해야 하고 화내야 하는) 일은, 이런 일들이 이 서문 바로 다음에 배치된 강연 원고에서 다루는 또 다른 전선에서 진행 중인 일과도 완벽하게 조응한다는 것이다. 그 전선은 바로 기후이다. 채굴할 수 있는 화석연료의 양에는 제한이 없다. 아직까지 그 누구도 지구에 대한 노략질을 제재한 적은 없었다. 최신 보고서에 따르면 2020년대와 마찬가지로 화석연료에 대한 미친 듯한 열광은 수그러들 기미가 보이지 않는다. 세계는 파리기후협정을 체결해 전 세계 기온이 섭씨 1.5도 이상 오르지 못하도록 제한하기로 다짐했지만, 그 이후에도 기업들은 그 어느 때보다 더 많은 돈을 쏟아부으며 석유 및 가스를 생산하고 있다. 2023년에 세계는 이미 그 한계에 도달했다. 그러나 미국은 그 한 해에만 무려 758건의 신규 석유 및 가스 프로젝트 라이선스를 발행하며 대응했다. 이 수치는 그 이전의 3년 동안 발행된 라이선스 건수를 합친 것에 거의 육박하는데, 2024년에 발행될 라이선스 건수는 2023년의 발행 건수를 넘어설 것으로 보인다. 오늘날 미국은 역사상 그 어떤 나라보다 더 많은 석유 및 가스를 퍼 올리는 나라가 되었는데, 그 곡선은 계속해서 위로 향하고 있다. 미국 바이든 행정부는 4년 동안 1453건의 신규 라이선스를 발행했다. 이 수치는 트럼프 1기 행정부가 발행한 라이선스의 5분의 1에, 그리고 2020년부터 지금까지 전 세계가 발행한 총 라이선스 수의 절반에 해당하는 것이다. 이 미친 듯한 열광을 주도하는 것은 영국과 미국 그리고 그들과 함께하는 정착민 식민주의 산유국이다. 영국, 호주, 캐나다 그리고 무엇보다도 미국에 더해 노르웨이에 이르는 부유한 5개국이 이번 10년 동안 발행된 라이선스의 3분의 2 이상을 발행했다.[8] 그러는 동안 전례 없는 허리케인이 카리브해 지역을 휘저었고, 브라질은 홍수로 물에 잠겼으며, 아시아는 혹서로 뜨겁게 달궈지는 등 기후로 인해 글로벌 남반구가 겪는 고통의 파도는 끊임없이 높아져만

---

8   Oliver Milman and Nina Lakhani, 'Revealed: Wealthy Western Countries Lead in Global Oil and Gas Expansion', *Guardian*, 24 July 2024.

간다. 계속되는 채굴이 이 참사를 새로운 차원으로 끌어올릴 것임을 모르는 사람은 없다. 그렇지만 라이선스는 계속해서 발행된다. 점령군에 대한 한없는 지원이 통제에서 벗어나 있는 것과 마찬가지로, 파괴를 향해 나아가는 추진력 역시 철저하게 통제에서 벗어나 있다.

이러한 두 가지 과정 사이의 관계를 어떻게 생각해야 할까? 이 서문 바로 다음에 배치된 글에서 이 질문을 대략적으로 다루겠지만, 그것은 수박 겉핥기식에 불과할 뿐 철저한 탐구라고 할 만한 것은 아니다. 이 원고에서 나는 내가 특히 중요하다고 생각하는 1840년이라는 역사적 순간에 초점을 맞추면서 팔레스타인을 보다 더 거대한 과정의 축소판으로서 접근할 것이다. 당시 일어났던 일에 대한 기록은 아직도 간략하게만 전해질 뿐이다. (특히 아랍어로 쓰인) 일차 자료 및 이차 자료가 사장되어 있는데, 이러한 자료들을 헤아려 본 뒤에야 비로소 전체적인 그림을 그려 볼 수 있을 것이다. 다른 프로젝트에 관련된 연구도 병행하느라 개략적이고 (참조도 최소화된) 설명에 그치고 말았다.

이 원고는 버소 출판사 블로그에 처음 게시되었고[9] 아주 최소한의 수정만 거쳐 이 책에 수록되었다. 그 이후로 몇 가지 반론이 제기되었는데, 그것들은 역사 담론에 관한 것이 아니라 팔레스타인 저항 세력과 이스라엘 로비설에 대한 나의 입장에 관한 것이었다. 나의 재반론은 주요 글 다음에 배치했다. 첫 번째 재반론은 팔레스타인 저항 세력에 관한 반론에 대한 반박이다. 이 글은 주요 글과 마찬가지로 버소 출판사 블로그에 게시된 내용[10]을 약간 확장한 것이다. 두 번째 재반론은 이스라엘 로비설에 관한 반박으로, 이 책에 처음 수록한 것이다.

나를 강연 연사로 초청하고 내가 베이루트에 머무는 동안 놀랍도록 후한 호의를 베풀어 준 베이루트 아메리칸 대학교의 예술 및 인문학 센터Center for Arts and Humanities와 인문학부를 위한 비판 인문학Critical Humanities for Liberal Arts의 **나디아 부**

---

9 [옮긴이] versobooks.com/en-gb/blogs/news/the-destruction-of-palestine-is-the-destruction-of-the-earth

10 [옮긴이] versobooks.com/en-gb/blogs/news/standing-with-the-palestinian-resistance-a-response-to-matan-kaminer

알리Nadia Bou Ali와 라이 브라시에Ray Brassier에게 감사의 말씀을 전하고 싶다. 그 밖에도 여러 분들께 감사드린다. 논쟁에 참여한 베이루트 아메리칸 대학교의 모든 분, 강연 원고를 아랍어로 번역한 함자 하무체네Hamza Hamouchene와 아므르 카이리Amr Khairy, 함께 토론해 준 마탄 카미네르Matan Kaminer, 모든 것을 공유해 준 쇼라 에스마일리안Shora Esmailian, 동지애를 발휘해 강연 원고를 살아 숨 쉬게 만들어 준 아쇼크 쿠마르Ashok Kumar, 텔레그램을 추천해 준 마르코 에스발Marco Espvall(그의 가족들은 이 서문을 쓰고 있는 시점에도 여전히 가자 지구 데이르 알발라Deir al-Balah에 생존해 있다), 한결같은 지원을 아끼지 않은 버소 출판사의 세바스티앙 버젠Sebastian Budgen과 미할 샤츠Michal Schatz, 파리 도핀 대학교Dauphine University에 나를 초대해, 그곳에 머물면서 강연 원고의 대부분을 작성할 수 있도록 지원한 헬라 유스피Hela Yousfi와 유럽 내 급진주의의 영원한 수도에 머물고 있는 다른 동지들, 뉴욕 레마르크 연구소Remarque Institute로 나를 초대해 그곳에 머물 수 있도록 지원한 스테파노스 제룰라노스Stefanos Geroulanos(나는 뉴욕시에서 친팔레스타인 학생운동이 일어난 시기에 뉴욕에 방문했고 이때 팔레스타인 저항 세력에 관한 재반론을 집필했다), 2024년 5월 말 뉴욕에서 개최된 역사 유물론 컨퍼런스Historical Materialism conference에 참석해 이스라엘 로비설 문제에 대해 토론해 준 분들께 감사를 전한다. 이 연구에 헌신한 L.에게 특별한 감사를 전한다.

2024년 7월 25일, 파리에서

팔레스타인의 파괴는

지구의 파괴다

이 집단학살이 벌어진 지 어느새 반년이 흘렀다.¹ 저항세력이 알아크사 홍수 작전을 감행하고 이스라엘 점령군이 집단학살을 선언 및 실행하는 방식으로 이에 대응하는 사이 어느덧 반년이 지났다. 반년, 6개월, 184일 동안 이루어진 폭격으로 인해 가족들이 차례로, 고층 건물들이 차례로, 주거지구가 차례로, 가차 없이, 조직적으로 제거되었다. 그 반년 동안 건물 잔해 아래에서는 아이들의 잿빛 뼈가 비어져 나왔고 바닥에는 흰 수의를 입은 작은 시신들이 줄줄이 열을 지어 놓였다. 창문에는 훼손된 소녀의 시신이 내걸렸는데 그 모습은 마치 갈고리에 고깃덩이를 매달아 놓은 것

---

1 이 집단학살이 무엇인지 입문하려는 사람들에게는 2024년 4월 초부터 활용할 수 있었던 다음 보고서가 가장 적합하다. 이 보고서는 2024년 7월 말 현재도 여전히 유효하다. Francesca Albanese, 'Anatomy of a Genocide: Report of the Special Rapporteur on the Situation of Human Rights in the Palestinian Territories Occupied since 1967', United Nations, 25 March 2024.

같았다. 그 반년 동안 부모들은 마치 산 자의 혼이 죽은 자와 작별하는 듯, 스산하면서도 의연한 태도로 또는 다시는 이 땅에 단 한 발짝도 내딛지 못할 것임을 예감한 듯, 걷잡을 수 없는 슬픔에 몸을 떨면서 자녀들에게 작별을 고했다. 그 반년 동안 매일 10여 차례 학살이 벌어졌고 즉결처형과 저격이 이루어졌으며 불도저가 시신을 비롯하여 남아 있는 사람들을 깔아뭉개며 지나갔다. 불도저는 멈추지 않는다. 멈추기는커녕 오히려 속도를 높이면서 제 갈 길을 계속 갈 뿐이다. 불도저가 멈출 일은 없을 것이다. 멀리서 이런 일을 지켜보고 있노라면 절망감에 미쳐 버릴 것만 같다. 이런 생각을 가진 사람이라면 가자 지구 생존자들이 느낄 절망감이 어떠할지 상상해 보기를 바란다.

최초의 선진/후기 자본주의 집단학살

현재 이스라엘 국가는 인류에 알려진 범죄 가운데서도 최악의 범죄를 저지르고 있다. 이 특별한 집단학살은 다소 독특한 특징을 지니고 있어 최근에 일어났던 나머지 집단학살과 구별된다. 무엇보다 이 집단학살은 애초부터 서구 선진 자본주의 국가들과 이스라엘 국가가 함께 조직하고 조율한 '초국적 노력'이었다.[2] 미국, 영국, 독일, 프랑스, 나머지 유럽연합EU 회원국의 대부분이 한달음에 달려와 이 유혈사태에 가담했다. 그들은 연회에서 여러 요리를 선보이듯 점령군에게 무기를 보내주었고 가자 지구 상공에서 정보를 수집하여 본부 및 조종사에게 제공했다. 그들은 이스라엘 국가 주변에 외교적 방어막을 전개했고 그것만으로는 충분하지 않다는 듯 팔레스타인 사람들의 손에 마지막까지 남아 있던 생계수단을 빼앗았다. 현재 팔레스타인 사람들은 굶어 죽어가고 있다. 생존을 위해 팔레스타인 사람들에게 남아 있는 것이라고는 유엔 팔레스타인 난민구호기구UNRWA에서 제공하는 가장 최소한의 원조뿐인데, 미국과 영국은 그 마지막 생명선마저 잘라 버리고 있다.[3] 누군가 그들이 팔레스타인 사람들이 죽어 버리기를 바라는 것 같다고 생각한다 해도,

2 Tom Stevenson, 'Rubble from Bone', *London Review of Books*, 8 February 2024.

3 예를 들어 Nicholas R. Micinski and Kelsey Norman, 'Funding for Refugees Has Long Been Politicized – Punitive Action against UNRWA and Palestinians Fit this Pattern', *Conversation*, 1 February 2024를 참고하라. 키어 스타머 총리가 이끄는 새로운 영국 노동당 정부는 2024년 7월, UNRWA에 대한 자금 지원 재개를 약속한 반면 미국은 여전히 자금 지원 철회를 확고하게 고수하고 있다.

아무도 그렇게 생각하는 사람을 비난할 수 없을 것이다.

이 집단학살이 시작되고 나서 첫 반년 동안 일어난 일을 이렇게 그려 보았다. 지금까지의 집단학살은 공조라는 이름의 모노톤 풍경화였다. 홀로코스트 이후로 일어난 그 어떤 집단학살도 이런 그림은 아니었다. 방글라데시에서 과테말라, 수단에서 미얀마에 이르는 곳에서 벌어진 집단학살도 (공모의 정도는 각양각색이더라도) 자본주의 중심부가 공모하여 저지른 것일 수 있다. 그러나 여기서 우리가 다루고자 하는 집단학살은 질적으로 상이한 것이다. 나의 정치적 유년기를 형성한 사건인 보스니아의 이슬람교도 집단학살과 비교해 보는 것이 유용할 듯하다. 그 당시 서구는 무기 금수 조치를 취함으로써 그 사람들의 자기방어권을 부인했다. 스레브레니차에서 철수한 네덜란드군은 그럼으로써 그 도시가 라트코 믈라디치에게 넘어간다는 것을 인지하고 있었다. 4년 동안 이어진 내전에서 보스니아 이슬람교도들이 대량 학살당하고 있을 때, 이른바 국제 공동체는 방관했다. 무엇보다도 이러한 조치들은 아무 일도 하지 않는 소극적 조치에 불과했다. 그 당시 서구가 무기고에 있는 최고의 폭탄을 제공하여 스릅스카 공화국을 무장시킨 것도 아니었다. 빌 클린턴 미국 대통령이 슬로보단 밀로셰비치를 만나 포옹한 것도 아니었다. 그 학살에는 '세르비아 민족주의자들에게는 자기방어권이 있다' 따위의 타령이 동반되지도 않았다. 따라서 현재 우리 눈앞에서 펼쳐지고 있는 광경이야말로 가히 최초의 선진/후기 자본주의 집단학살이라 부를 만하다.

이 지점에서 내가 조금 순진했었음을 털어놓아야겠다. 점령군의 행태에 놀란 것은 아니었지만, 그들이 팔레스타인 사람들의 피를 이 정도로 열렬히 탐할 줄은 몰랐기 때문이다. 10월 7일 아침에 우리가 서로 두 번째로 주고받았던 이야기는 '그들이 가자 지구를 파괴하고 모두를 죽일 거야'였다. 그보다 더 이른 아침에는 말이 아니라 환호성을 질렀다. 팔레스타인 문제를 안고 살아온 우리들은 에레즈Erez 검문소로 쇄도하는 저항군의 모습을 보고 그렇게밖에 반응할 수 없었다. 콘크리트 탑과 울타리, 감시 체계의 미로이자 엄청난 수의 총기, 검색대, 카메라가 설치된 에레즈 검문소, 내가 들어가 보았던 곳 가운데 또 다른 민족에 대한 지배를 상징하는 가장 극악무도한 기념비적인 건축물임이 분명한 그

곳이 갑자기 팔레스타인 전투원들의 손에, 점령군에게 제압되어 깃발을 짓밟혔던 그 팔레스타인 전투원들의 손아귀에 떨어진 것이었다. 어찌 경악하지 않을 수 있고 어찌 기뻐하지 않을 수 있었겠는가? 울타리와 벽을 허물고 자신들이 쫓겨났던 땅으로 쏟아져 들어가는 팔레스타인 사람들의 모습을 보고 저항군이 (1948년 이후 이스라엘이 나즈드Najd 마을을 점령하고 민족 청소를 완료한 뒤 건설한 정착촌인) 스데롯Sderot 경찰서를 장악했다는 보도를 들은 우리는 기쁨에 겨워 어쩔 줄 몰랐다.

이것이 내가 가장 가까운 사람들과 처음으로 나눈 반응이었다. 그러나 그다음 반응은 엄청난 공포였다. 우리 모두, 이스라엘 국가가 어떻게 행동할 것인지 그리고 그것이 어떤 결과를 가져올 것인지 알고 있었기 때문이다. 다만, 이 대량 학살에 서구가 이 정도로 적극적으로 나서서 관여하리라는 것을 전혀 셈하지 못한 것은 나의 실책이다. 분명 보다 나은 예측을 했어야 했다. 그러나 내가 아무리 순진한 사람이라 하더라도, 지난 반년 동안 일어난 사건들만으로도 이 동맹의 본질에 대한 새로운 질문을 충분하게 제기하고도 남는다. 이스라엘 국가와 나머지 서구 국가들을 이토록 긴밀하게 하나로 묶어 주는 것은 정확히 무엇인가? 미국과 영국 같은 나라들이 이 집단학살에 기꺼이 협력하는 이유는 무엇인가? 미 제국이 팔레스타인의 파괴라는 이스라엘의 목표를 공유하는 이유는 무엇인가? 좌파 일각에서조차 여전히 인기가 있는 한 가지 설명은 시온주의자들이 벌이는 로비의 힘이라는 것이다. 이 문제에 대해서는 나중에 다시 다루겠다.

초토화 방식

집단학살을 정의하는 구성 요소 가운데 하나는 집단학살의 대상이 된 인간 집단 '전부 또는 일부의 물리적 파괴'다. 그리고 물리적 파괴야말로 가자 지구에서 이루어지는 집단학살의 핵심 범주다. 이미 첫 두 달 동안 가자 지구는 철저하고 완전한 파괴의 대상이 되었다.[4] 12월 말이 되기 전에 이미 《월스트리트저널》은 가자 지구의 파괴 수준이 제2차 세

---

4 이와 같이 보도한 주류 뉴스 매체 가운데 두 곳을 꼽는다면 다음과 같다. Josh Holder, 'Gaza after Nine Weeks of War', *New York Times*, 12 December 2023; Niels de Hoog, Antonio Voce, Elena Morresi et al., 'How War Destroyed Gaza's Neighbourhoods – Investigation', *Guardian*, 30 January 2024.

계대전 동안 파괴된 드레스덴 및 나머지 독일 도시의 파괴 수준에 맞먹거나 그것을 능가했다고 보도했다.[5] 프란체스카 알바니스Francesca Albanese는 팔레스타인 외부에서 가장 용감하게 발언하는 사람 가운데 하나다. 1967년 점령된 지역을 담당하는 UN 특별 보고관인 알바니스가 최근 작성한 보고서는 '5개월에 걸친 이스라엘의 군사작전으로 가자 지구가 파괴되었다'라는 논평으로 시작된다. 이어서 알바니스는 '생명을 유지하는 데 필요한 사회기반시설이 완전히 파괴되었다'라고 상세하게 덧붙인다.[6] 파괴의 전형적인 모습은 조각나 버린 집의 모습과 건물 잔해를 미친 듯이 파헤치는 생존자들의 모습이다. 잔해 더미 아래에서 먼지를 뒤집어쓴 소년 또는 소녀를 구해 내는 일은 운에 맡길 수밖에 없다. 왜냐하면 현재 가자 지구의 박살 난 주택의 잔해 아래 약 1만 2천 구의 시신이 발견될 날만을 기다리고 있는 것으로 추산되기 때문이다(이 수치는 나중에 약 1만 구로 수정되었다).

현재 우리가 목격하고 있는 사건의 규모는 유례 없는

---

5 Jared Malsin and Saeed Shah, 'The Ruined Landscape of Gaza after Nearly Three Months of Bombing', *Wall Street Journal,* 30 December 2023.

6 Albanese, 'Anatomy of a Genocide', 1, 11.

것이지만, 엄밀히 말해 팔레스타인 사람들이 이러한 종류의 사건을 처음 겪는 것은 아니다. 그 각본을 1948년 달레트 계획Plan Dalet에서 확인할 수 있다. 달레트 계획에서 시온주의자 군대는 '(마을을 향해 발포하고 건물 잔해 아래에 지뢰를 심는 방식으로) 마을을 파괴하는' 기술을 익혔다.[7] 나크바Nakba 동안 시온주의자 군대가 야음을 틈타 마을에 침공하여 가족들이 머물고 있는 주택을 차례차례 계획적으로 폭파시키는 일이 흔하게 일어났다. 팔레스타인 사람들이 경험한 공격은 끝없이 이어졌다는 점에서 특별한 것이다.[8] 거주자가 머물고 있는 상태에서 주택을 파괴하는 기본적인 행동이 여러 차례 반복되었다. 1950년에 알마즈달al-Majdal 마을이 공격받았을 때 마을 사람들이 가자 지구로 내몰렸다면, 2024년에는 가자 지구가 공격을 받고 있다. 그리고 그 사이에도 영원히 되풀이될 것 같은 공격이 이어져 왔다. 그 가운데 하나만

---

[7] 달레트 계획에 대해서는 Ilan Pappe, *The Ethnic Cleansing of Palestine* (Oxford: Oneworld, 2007), 82에서 인용했다. 64, 77-78, 88, 147도 참고하라[국역: 《팔레스타인 종족 청소: 이스라엘의 탄생과 팔레스타인의 눈물》, 유강은 옮김, 교유서가, 2024].

[8] 이 논거와 이 글에 수록된 그 밖의 다른 몇 가지 논거는 Andreas Malm, 'The Walls of the Tank: On Palestinian Resistance', *Salvage*, 1 May 2017에서 가져온 것이다.

꼽아 보자. 리야나 바드르Liyana Badr는 소설 《파키하니 너머의 발코니A Balcony over the Fakihani》에서 그 밖의 다른 어떤 경우에도 어울릴 만한 표현으로 1982년 베이루트의 사례를 묘사했다.

> 나는 콘크리트 더미, 돌무더기, 찢어진 채 여기저기 흩어져 있는 옷가지, 깨진 유리, 작은 탈지면 조각, 금속 조각, 파괴되거나 미친 듯이 기울어진 건물들을 보았다. … 하얀 먼지가 그 지역을 뒤덮어 질식할 것 같았고 회색 연기 사이로 무너져 땅에 쓰러진 주택의 처참한 블록 뼈대들과 잔해들이 어렴풋이 보였다. … 모든 것이 뒤죽박죽이었다. 자동차들은 거꾸로 뒤집혀 있었고 종이들은 하늘에서 소용돌이치고 있었다. 화재가 일어나고 연기가 하늘을 메웠다. 마치 세계에 종말이 온 것 같았다.[9]

바로 이것이 끝나지 않는 세계의 종말이다. 팔레스타인 사람들의 머리 위에는 항상 새로운 건물 잔해가 쏟아진다. 파괴는 팔레스타인 사람들의 경험을 구성하는 요소다. 왜냐하면 팔레스타인의 파괴가 시온주의 프로젝트의 본질이기

---

9 Liyana Badr, *A Balcony over the Fakihani* (New York: Interlink Books, 2002 [1993]), 73, 76, 81.

때문이다.

그러나 1948년이나 1950년과는 다르게, 이번에 벌어지는 팔레스타인 파괴의 배경에는 서로 다르지만 서로 연관되는 파괴의 과정이 자리 잡고 있다. 그것은 바로 이 지구의 기후 체계 파괴의 과정이다. 기후 붕괴는 북극에서 호주에 이르는 생태계가 물리적으로 파괴되어 가는 과정이다. 버소 출판사에서 2025년에 출판할 예정인 《장기간의 더위: 너무 늦어 버린 기후 정치 *The Long Heat: Climate Politics When It's Too Late*》에서 윔 카톤Wim Carton과 나는 현재 기후 붕괴 과정이 얼마나 빠르게 진행되고 있는지에 대해 다소 상세하게 논의한다. 한 가지 사례를 꼽아 보면, 아마존 열대우림은 산림 황폐화의 소용돌이에 사로잡혀 있다. 이 과정은 아마존이 나무가 자라지 않는 사바나로 변해 버린 뒤에야 끝날 것이다. 아마존 열대우림은 6500만 년 동안 그 자리를 지켜 왔지만 (생태계 파괴의 기본 형태인 벌목과 더불어) 지구 온난화로 인해 불과 몇십 년 사이에 티핑 포인트로 내몰리고 있다. 티핑 포인트를 넘어서고 나면 아마존 열대우림은 더 이상 존재하지 않을 것이다. 사실 최근 연구의 대부분은 현재 아마존 열대우림이 이미 티핑 포인트에 걸쳐 있는 상태임을 시사한다.[10] 만일 아마존을 뒤덮은 숲이 사라진다면(아찔한 생각이지만 가까운 미래에 실현될 가능성이 완전히 농후하다) 그것은 나크바와는 상이한 종류의 경험이 될 것이다. 물론 당장 희생당하는 사람들은 원주민 후손과 아프리카계의 후손 및 그 밖의 다른 아마존 부족일 것이다. 실현가능성이 가장 높은 것으로 보이는 시나리오에 따르면, 모두 합쳐 약 4천만 명에 달하는 이 사람들이 숲을 불태우는 거센 화염과 그것이 일으키는 연기에 직면할 것이고, 이에 따라 세계의 종말을 경험하게 될 것이다.

때때로 기후 붕괴 과정은 가자 지구에서 일어나고 있는 사건들과 형태학적으로 현저하게 유사할 뿐 아니라 심지어 지

---

10 그 예로는 Thomas E. Lovejoy and Carlos Nobre, 'Amazon Tipping Point: Last Chance for Action', *Science Advances* (2019) 5: 1-2; Chris A. Boulton, Timothy M. Lenton and Niklas Boers, 'Pronounced Loss of Amazon Rainforest Resilience since the Early 2000s', *Nature Climate Change* (2022) 12: 271-278; James S. Albert, Ana C. Carnaval, Suzette G. A. Flantua et al., 'Human Impacts Outpace Natural Processes in the Amazon', *Science* (2023) 379: 1-10; Meghie Rodrigues, 'The Amazon's Record-Setting Drought: How Bad Will It Be?', *Nature* (2023) 623: 675-676을 꼽을 수 있다. 추가적인 자료 및 논의를 위해서는 Wim Carton and Andreas Malm, *The Long Heat: Climate Politics When It's Too Late* (London: Verso, 2025)[근간] 참고.

리적으로도 가까운 곳에서 일어나기도 한다. 지난해[2023년] 9월 11일 밤, 이 집단학살이 시작되기까지 한 달도 채 남지 않은 시점에 폭풍 다니엘이 리비아를 강타했다. 리비아 동부, 가자 지구에서 약 1천 킬로미터 떨어진 지중해 해안에 자리 잡은 도시 데르나Derna에서는 사람들이 잠을 자다가 목숨을 잃었다. 갑자기 하늘에서 시작된 어떤 힘이 집을 지붕부터 무너뜨렸다. 그 뒤로 보도된 내용에 따르면 가구와 시신의 일부가 박살난 건물 여기저기에 틀어박혀 있었다고 한다. '여전히 거리 이곳저곳에 시신이 흩어져 있고 마실 물도 부족하다. 폭풍에 일가족이 목숨을 잃었다.'[11] 이 도시에서 나고 자란 사람은 이렇게 말했다. "이것은 지금까지 보았던 어떤 것과도 다른 참사였습니다. 주민들은 사랑하는 사람의 시신을 찾기 위해 단순한 농기구를 이용해서 맨손으로 건물 잔해를 파헤치고 있습니다."[12] 어느 도시 주민에 따르면 한달음에 현장으로 달려온 사람들은 팔레스타인 사람들이었

---

11 Patrick Wintour and Luke Harding, '"Sea Is Constantly Dumping Bodies': Fears Libya Flood Death Toll May Hit 20,000", *Guardian*, 13 September 2023.

12 Jawhar Ali in Mohammed Abdusamee, Vivian Nereim and Isabella Kwai, 'More Than 5000 Dead in Libya as Collapsed Dams Worsen Flood Disaster', *New York Times*, 12 September 2023.

다. "파괴는 상상을 초월할 정도입니다. … 도시를 둘러보면 진흙, 토사, 무너진 주택밖에 보이지 않을 것입니다. 부패한 시신에서 나는 악취가 사방에서 진동합니다. … 시민 명부에서 한 가족이 통째로 지워져 버렸습니다. … 어디를 가든 죽음과 마주칠 것입니다."[13]

폭풍 다니엘은 24시간 동안 도시를 휩쓸면서 9월 평균 강우량의 약 70배에 달하는 물을 퍼부었다. 데르나는 (폭이 좁은 수로인) 와디[옮긴이: 중동 및 북아프리카에서 우기 때 외에는 물이 없는 계곡 및 수로]를 통해 바다로 흘러 들어가는 강의 어귀에 자리 잡은 곳이다. 리비아는 사막 국가다. 그러나 갑자기 차오른 강물이 두 개의 댐을 무너뜨렸고, 데르나를 덮쳤다. 물, 퇴적물, 잔해가 마치 불도저인 양 9월 11일 한밤중의 데르나를 거칠게 휘젓고 다녔다. 그 힘의 속도와 위력은 이 도시의 거리와 구조물을 지중해까지 밀어내고 이 도시의 중심부였던 곳을 황토색 수렁으로 바꿔 놓을 정도였다. 연구자들은 오늘날의 극단 기상학의 정교한 방법론을 이용해 (재난의 원인을 의미하는 정밀한 부호인) 지구 온난화

---

13 Raed Qazmouz in Ayman Nobani, "'In Derna, Death Is Everywhere': Palestinian Mission to Libya", *Al Jazeera*, 21 September 2023.

로 인해 홍수의 위력이 50배 더 세졌을 가능성이 높다고 빠르게 결론 내렸다.[14] 그런 사건을 일으킬 수 있는 것은 오직 지구 온난화뿐이었다. 그에 앞선 여름 몇 달간, 북아프리카 먼바다의 수온은 이전 20년 동안의 평균 수온보다 자그마치 섭씨 5.5도가 더 높았다. 높은 수온의 물은 열에너지를 축적하고, 축적된 열에너지는 마치 미사일에 공급되는 연료처럼 폭풍에 공급될 수 있다. 폭풍 다니엘이 리비아를 덮친 하룻밤 사이에 약 1만 1300명이 목숨을 잃었다. 이것은 지난 10년 사이, 어쩌면 이번 세기 사이 기후변화로 인해 일어난 대량학살 사건 가운데 가장 극심한 사건이었다.

이 현장은 26일 뒤 가자 지구에서 펼쳐지기 시작할 장면을 예견하게끔 도와준 눈에 띄는 전조였다. 이 두 장소 사이에는 직접적인 연관성도 있었다. 가자 지구의 구호팀은 이런 종류의 파괴를 다루는 데 익숙했기 때문에 데르나로 신속하게 이동하여 구호 활동을 펼칠 수 있었다. 과거 가자 지구

---

14 Mariam Zachariah, Vassiliki Kotroni, Lagouvardos Kostas et al., 'Interplay of Climate Change-Exacerbated Rainfall, Exposure and Vulnerability Led to Widespread Impacts in the Mediterranean Region', World Weather Attribution, Imperial College London, 18 September 2023.

를 탈출해 데르나로 피신했던 팔레스타인 사람 가운데 적어도 열 명이 홍수로 목숨을 잃었다. 파예즈 아부 암라Fayez Abu Amra라는 팔레스타인 사람은 《로이터》에 이렇게 말했다. "두 가지 참사가 일어났습니다. 하나는 실향의 참사이고 다른 하나는 리비아를 덮친 폭풍의 참사입니다." 여기서 참사로 번역된 아랍어 단어는, 당연하게도, 나크바였다. 따라서 파예즈 아부 암라가 언급한 첫 번째 나크바는 1948년에 일어난 사건이다. 그 결과 그의 가족과 팔레스타인 사람 80만 명이 각자의 고향에서 쫓겨났다. 그의 가족은 결국 데이르 알발라 난민촌Mukhayyam Deir al Balah에 자리를 잡았는데, 그 가운데 일부 가족 구성원은 이스라엘이 벌인 침략 전쟁을 피해 데르나로 이동했고, 거기서 두 번째 나크바를 맞은 것이다.[15] 파예즈 아부 암라는 데르나를 덮친 폭풍으로 여러 친척을 잃었다. 그 자신은 (데르나의 희생자를 추모하는 천막이 세워진) 데이르 알발라에 남기로 했기 때문에 살아남은 것이었다. 그러고 나서 불과 몇 주 뒤, 집단학살이 시작되었다. 파예즈 아부 암라의 생존 여부는 이제 아무도 모르게 되었다.

15 Nidal Al-Mughrabi, 'Palestinian Family That Fled Wars Suffers Death in Libya', *Reuters*, 14 September 2023.

이제 우리는 이러한 파괴의 과정들이 유사할 뿐 아니라 뒤얽혀 있음을 인식하게 되었다. 이에 따라 몇 가지 중요한 차이점도 드러난다. 데르나를 덮친 힘의 본질은 가자 지구를 폭격한 힘의 본질과는 달랐다. 데르나의 경우, 하늘에서 죽음을 뿌린 익명의 힘은 공군의 힘이 아니라 대기 중에 누적되어 포화된 이산화탄소의 힘이었다. 가자 지구에는 그곳을 파괴하겠다는 의사를 표명한 이스라엘 국가가 있었지만, 데르나에는 그곳을 파괴하겠다고 마음 먹은 세력이 없었다. 예를 들어, 데르나의 경우에는 '피해 극대화'에 초점을 맞추겠다고 공표하는 군 대변인도, '건물을 파괴하라!! 무차별 폭격하라!!'라고 외치는 리쿠르당Likud 의원도 없었다.[16] 화석연료 기업이 특정한 누군가를 해치려는 마음을 먹고 화석연료를 채굴한 뒤 그것을 내연기관에 제공하는 것은 아니다. 그러나 그들은 이러한 상품들이 사람들을 해칠 것이 거의 확실하다는 사실을 알고 있다. 피해자는 리비아 사람 또는 콩고 사람 또는 방글라데시 사람 또는 페루 사람일 수도

---

16 Bethan McKernan and Quique Kierszenbaum, "'We're Focused on Maximum Damage': Ground Offensive into Gaza Seems Imminent", *Guardian*, 10 October 2023; Revital Gottlieb, Likud MK, Yehuda Shaul, X 계정에서 인용, 17 October 2023.

있다. 누가 피해자가 되든, 그것은 화석연료 기업에게 중요한 일이 아니다.

데르나에서 벌어진 참사를 집단학살이라고 규정할 수는 없다. 그러나 이제 막 버소 출판사에서 출판된 《오버슈트: 세계가 기후 붕괴에 굴복한 과정 Overshoot: How the World Surrendered to Climate Breakdown》에서 웜 카톤과 나는 '빈민학살 paupericide'이라는 용어가 (화석연료 기반시설이 지구가 살아갈 만한 곳으로 남기 위해 넘어서는 안 되는 모든 경계를 넘어 가차 없이 확장되는) 오늘날의 현실을 표현하기에 적당한 용어가 아닐까 잠깐 생각해 보았다. 석탄, 석유 또는 가스 채굴은 누군가를 해칠 목적으로 시작되지 않았다. 그러한 행위를 하는 목적은 돈을 버는 것이다. 그러나 일단 이러한 형태의 돈벌이가 사실상 많은 사람을 해친다는 사실이 밝혀지고 나면, 그동안 존재하지 않았던 의도성이 드러나기 시작한다. 이제 이 지식은 기후 과학의 기본적인 통찰의 결과로서 거의 보편적으로 전파되고 있는데, 그 과정은 다음과 같다. 화석연료는 사람들을 무작위로, 맹목적으로, 무차별적으로 해친다. 그러는 와중에 그 피해는 글로벌 남반구의 가난한 사람들에게 편중된다. 현상 유지 기간이 더 길어질수록 화석연료가 해치는 사람의 수는 더욱더 많아진다. 대기 중에 이산화탄소가 과포화되면 추가되는 이산화탄소 분자의 치명성은 더 높아진다. 이제 대규모 사상자는 우리의 머릿속에서 관념적으로 처리되어 사실상 자본 축적의 결과로 받아들여지게 된다. 조지 플로이드George Floyd 살해 혐의로 유죄 판결을 받은 경찰관 데릭 쇼빈Derek Chauvin에 대한 최종 논고에서 스티브 슐라이허Steve Schleicher 검사는 다음과 같이 말했다. "누군가에게 해가 되는 행동임을 인지하고도 그 행동을 실행에 옮긴다면, 그것은 고의라고 할 수 있습니다." 동일한 논리가 여기에도 준용된다.[17] 사실, 화석연료 생산의 위력은 해마다 보다 더 치명적으로, 보다 더 고의적으로 변해 가고 있다. 이것을 2023년 10월 25일에 있었던 (아동 69명을 비롯해) 적어도 민간인 126명의 목숨을 앗아 간 자발리야 난민촌 폭격과 비교해 보자. 이 폭격이 목표물로 삼았다고 공표한 대상은 하마스 지도자 단 한 명이었다. 이스라엘 점령군이 민간인 126명의 목숨까지 빼앗으려는 의도를 가지고 있었을까? 아니

---

17 Victoria Bekiempis, 'Derek Chauvin Trial: Jury Begins Deliberations over Killing of George Floyd – as It Happened', *Guardian*, 20 April 2021.

면 그저 이런 종류의 대규모 부수적 피해에 냉담하고 무심했을 뿐이었을까? 여기서 의도성과 무심의 경계가 흐려진다. 기후라는 전선에서도 마찬가지다. 기후라는 전선과 팔레스타인 전선은 여전히 질적으로 상이하다. 그러나 아마도 그 둘의 차이는 줄어들고 있는 것처럼 보인다.

팔레스타인의 파괴와 지구의 파괴가 이보다 더 구체적으로 맞물리는 순간이 있을까? 여기서 맞물림의 순간이란 상호적 인과관계, 즉 결정의 변증법에서 하나의 과정이 나머지 과정을 형성하고 그것에 영향을 미치는 지점을 의미한다. 물론 나의 대답은 '그렇다'이다. 이와 같은 맞물림의 순간은 지금까지 거의 2세기 동안 조밀하게 배열된 연속적인 사건들 속에서 연계되어 왔다. 이 현상을 설명하기 위해 나는 그것이 시작된 순간, 즉 1840년으로 돌아가 볼 것이다. 나는 오랫동안 그해에 일어난 사건들에 천착해 왔다. 이곳저곳에서 이러한 사건들을 다뤘지만 아직 일관된 설명을 내놓지는 못했다. 이 연구를 시작한 것은 박사학위 과정이 막바지로 접어들던 11년 전이었다. 당시 나는 《화석 자본》을 쓰고 있었는데, 이 주제만을 위한 별도의 연구(《화석 자본》의 후속작인《화석 제국Fossil Empire》)이 필요하다는 것을 깨달았다. 최근 몇 달 동안 나는 이 시점으로 되돌아와 장기지속longue durée이라는 관점에서 팔레스타인의 화석 제국에 대한 분석을 발전시키게 되었다.

우리에게 너희를 초토화시킬 수 있는 힘이 있음을 유념하라

1840년은 중동과 기후 체계 모두에 역사상 중추적인 해였다. 대영제국은 그해 처음으로 주요 전쟁에 증기 함정을 투입했다. 증기력 기술이 도입된 이후 화석연료에 대한 의존이 시작되었다. 증기 엔진을 돌리는 연료는 석탄이었다. 영국의 산업을 통해 확산된 증기력은 영국을 최초의 화석연료 경제국으로 탈바꿈시켰다. 그러나 증기력이 영국 제도諸島 내부에만 머물러 있었다면 그것은 절대로 기후에 각인되지 않았을 것이다. 영국이 지구의 운명을 바꿀 수 있었던 것은 모두 증기력이 나머지 세계로 수출되어 인류가 대규모 화석연료 내연기관의 소용돌이로 끌려 들어간 덕분이었다. 즉, 증기의 세계화는 없어서는 안 될 발화점이었다. 결과적으로 이 발화의 핵심은 전쟁에 증기 함정을 투입한 것이었다. 영국은 폭력의 투사를 통해, 말하자면 화석 자본을 화석 제국으로 탈바꿈시킴으로써 자신이 창조한 낯선 종류의 경제에 나머지 국가들을 통합했다.

당시 영국은 세계가 그동안 보아 왔던 제국, 즉 바람이라는 전통적인 동력원을 기반으로 한 제해권을 바탕으로 건설된 제국 가운데 가장 거대한 제국이었다. 그러나 1820년대에 영국 해군Royal Navy은 증기 추진력을 고려하기 시작한다. 이는 바람을 이용하여 항해하는 대신 석탄을 태워 항해한다는 의미였다. 바람은 오늘날 우리가 '재생' 자원이라고 부를 수 있는, 무궁무진하고 저렴하며 실제로 무료인 자원이다. 그러나 널리 알려진 대로 바람에는 한계가 있었다. 선장들은 자신들이 바라는 대로 바람이 불 것이라고는 생각할 수 없었다. 전장에서 군함은 바람이 불지 않으면 움직일 수 없고, 강풍과 돌풍이 몰아치면 목표물로부터 멀어지거나 아주 느리게만 전진할 수 있다. 바람이 변덕을 부리면 적은 빠져나가 재정비한 뒤 반격할 기회를 얻을 수 있다. 에너지의 동원을 가장 시급한 요구 사항으로 하는 군사작전에서 바람은 신뢰할 만한 힘이 아니었다. 한데 증기는 바람과는 또 다른 논리를 따랐다. 증기는 기상 조건이나 해류와는 무관한 동력원에 의존했다. 석탄은 수억 년 전에 이루어진 광합성의 유산으로, 지하에 매장되어 있다. 일단 지상으로 끌어올린 석탄은 소유자가 요구하는 때와 장소에서 태울 수 있다. 즉, 증기선의 타격력을 마음대로 소환할 수 있다는 말이다. 이런 함정들로 이루어진 함대는 선장들이 원하는 대로 배치할 수 있다. 바람의 상태와 관계없이 대포를 겨누고, 대규모 병력을 상륙시키며, 적들을 추격할 수 있다. 찰스 네이피어 제독은 이와 같은 자유로움을 특히 높이 평가했다. 영국 해군에서 가장 원기 왕성하게 증기 함정을 옹호한 찰스 네이피어는 그 사실을 다음과 같이 명쾌하게 요약했다. "증기 함정 덕분에 이제 바람은 누구에게나 공평하다." 또는 "증기 함정은 악천후를 완벽하게 정복했다. 우리는 이제 해전을 완수하는 데 필요한 모든 것을 갖추게 된 것 같다."[18] 악천후의 정복이란 궁극적으로 화석연료의 시공간적 특징의 함수였다. 지구 표면에서 시간적 및 공간적으로 분리된 화석연료는 기억할 수 없을 만큼 먼 옛날부터 배가 항해해 온 좌표에서 제

18　Charles Napier, *The Navy: Its Past and Present State* (London: John & Daniel A. Darling, 1851), 48. 이어지는 내용에는 오직 최소한의 참고문헌(대부분 직접 인용한 출처)만 포함된다는 점에 주의하라.

국을 해방시키겠다고 약속했다.

1840년에 네이피어 제독은 레바논과 팔레스타인 해안에서 이 완벽한 함정을 처음으로 실전에 투입했다. 1840년, 영국은 메흐메트Mehemet 알리와 전쟁을 벌이게 된다. 알리는 이집트의 파샤pasha[19]였다. 명목상 파샤는 오스만제국에 복무하는 존재였지만 사실상 자신이 소유한 영역의 지배자이자 술탄을 적대하는 존재였다. 이집트에 전개한 알리의 군대는 헤자즈Hijaz와 레반트Levant 지역을 정복하면서 아랍 최초의 제국을 형성했다. 오스만제국 대재상부Porte 및 런던(영국 정부)과의 충돌이 불가피한 상황이었다. 영국이 러시아에 대한 전략적 견제 차원에서 오스만제국의 안정과 온존을 중요하게 여기고 있던 시점에서, 알리의 부상은 오스만제국의 붕괴를 가져올 수 있는 위협이었다. 만일 오스만제국이 해체되면 러시아가 동쪽과 남쪽으로 확장해 영국의 왕령 식민지 Crown Colony인 인도에 이를 수 있었다. 따라서 영국은 오스만제국을 지원하여 떠받치고자 했다. 즉, 제국주의 간 경쟁이 알리에 대한 영국의 개입을 촉발했다고 할 수 있다. 한편 영

---

19 [옮긴이] 오스만제국의 최고위층 귀족에게 주어진 호칭. 주로 장군이나 지방 총독, 정부 관료에게 주어졌다.

국 내부에서 이루어진 자본주의 발전의 동학 역시 중요하게 작용했다. 선봉에 서 있던 면화 산업은 1830년대로 접어들면서 그 밖의 다른 모든 제조업 부문을 앞지르며 달려 온 탓에 과잉생산 위기를 겪게 되었다. 공장에서 과도하게 생산된 면사와 면직물이 산더미처럼 쌓여 갔지만, 그 모든 면사와 면직물을 흡수할 수요처는 충분하지 않았다. 이에 영국은 새로운 수출 시장을 필사적으로 찾아 나섰다. 다행히도 1838년 오스만제국이 발타 리만 조약Balta Liman Treaty으로 알려진 자유무역협정에 동의했다. 영국에 엄청나게 유리한 이 협정 덕분에 영국은 술탄의 통제하에 있는 영토에 본질적으로 무제한으로 수출을 할 수 있게 되었다. 그러나 문제는 술탄의 통제하에 있는 영토보다 메흐메트 알리의 통제하에 있는 영토가 더 많다는 것이었다. 알리는 정반대의 경제정책인 수입 대체 정책을 추구했다. 알리는 이집트에 자기 소유의 공장을 건설했다. 1830년대 말 무렵 알리가 소유한 공장들은 유럽과 미국 외부 지역의 동종 산업 가운데 가장 거대한 산업으로 성장했다. 알리는 영국의 자유무역을 거부했을 터였다. 알리는 관세와 전매권을 확립했고 자신이 영위하는 면화 산업 주변에 그 밖의 다른 보호 장벽을 세웠다. 알리는 자신의 면화 산업을 매우 효과적으로 촉진하여 지금까지는 영국이 지배하고 있던 시장, 멀게는 인도 시장까지 진출할 수 있었다.

영국은 이 상황이 탐탁지 않았다. 이 상황을 누구보다도 강경한 태도로 마뜩잖게 여겼던 인물은 19세기 중반 대영제국의 주요 설계자이자 외무장관이었던 파머스턴 경이었다. 파머스턴 경은 다음과 같은 말을 내뱉었다. "메흐메트가 할 수 있는 최선은 자기가 운영하는 모든 제조시설을 파괴하고 기계들을 나일강에 던져 버리는 일일 것이다."[20] 파머스턴 경과 영국 정부의 나머지 인사들은 알리가 발타 리만 조약을 거부한 것을 개전의 명분으로 간주했다. 자유무역은 알리와 알리가 통치했던 아랍 땅 모든 곳에서 강제로 시행되어야 했다. 그렇지 않으면 계속해서 확장하는 데 필요한 판로를 확보하지 못한 영국의 면화 산업은 질식하고 말 터였다. 게다가 이집트의 이 건방진 놈을 그냥 내버려두면, 영국 면화 산업의 숨통을 더욱더 조여올 터였다. 파머스턴 경

---

20 F. S. Rodkey, 'Colonel Campbell's Report on Egypt in 1840, with Lord Palmerston's Comments', *Cambridge Historical Journal* (1929) 3: 112.

은 자신의 대외정책 원칙을 숨기지 않았다. "나라의 상업을 위해 새로운 유통 경로를 개척하는 것은 정부의 의무다." '전 세계 각지'에서 그의 '위대한 목표'는 무역할 땅을 열어젖히는 것이었다. 그리고 이 목표 덕분에 파머스턴은 알리와 전면적으로 대립하게 되었다.[21] '동방 문제Eastern question'에 집착하게 된 파머스턴 경은 1839년에 다음과 같이 기록했다. "그저 오만한 야만인에 불과한 메흐메트를 혐오한다. 그가 자랑스럽게 여기는 이집트 문명도 순 사기라고 생각한다."[22] 날이 갈수록 영국 정부는 보다 더 공격적으로 변해 갔다. 알렉산드리아 총영사는 알리에게 경고했다. "영국이 당신들을 **초토화할** 수 있는 힘을 가졌다는 사실을 유념하시오."[23] 이스탄불 대사였던 폰슨비 경Lord Ponsonby은 본국에 서한을 발송하여 다음과 같이 조언했다. "한번에 신속하게 공격하여 우스꽝스럽게도 아랍 제국Arab Nationality이라고 불리는 허약한 조직

21　Hansard, House of Commons, vol. 49, 6 August 1839, 1391-1392.

22　C. K. Webster, *The Foreign Policy of Palmerston, 1830-41: Britain, the Liberal Movement and the Eastern Question* (London: Bell, 1951), 629에서 인용.

23　호지스 대령의 발언은 William Holt Yates, *The Modern History and Condition of Egypt, Vol. 1* (London: Smith, Elder and Co., 1843), 428에서 인용(강조는 원문).

을 싹 무너뜨려야 합니다."[24] 이와 같은 발언들이 화이트홀 Whitehall[25] 복도에 울려 퍼졌다. 파머스턴 경은 영국 해군에 최고의 증기 함정을 소집하라는 명령을 내렸다. 1840년 늦여름, 최신 기술로 무장한 소함대가 네이피어 제독의 지휘하에 베이루트로 출진했다.

아크레 초토화

네이피어 제독이 가장 애호한 전함은 고르곤Gorgon호였다. 350마력짜리 증기 엔진에 의해 추진되는 이 전함은 석탄 380톤, 군인 1600명, 포 6문을 실을 수 있었다. 고르곤호는 '새 시대'를 열어젖힌 '최초의 진정한 증기 전함'이었다.[26] 네이피어는 고르곤호를 베이루트 주변 지역 정찰에 투입했다. 그는 날씨를 거뜬히 무시할 수 있다는 점에서 고르곤호

---

24 Broadlands Archive, University of Southampton: 폰슨비 경의 발언은 'Constantinople 22 March 1846: Secret Memorandum on the Syrian War of 1840-1841', by General Jochmus, MM/SY/1-3에서 인용.

25 [옮긴이] 영국 정부의 별칭.

26 David K. Brown, *Before the Ironclad: Development of Ship Design, Propulsion and Armament in the Royal Navy, 1815-60* (London: Conway Maritime Press, 1990), 61.

가 해안을 오르락내리락하면서 정찰하는 데 적합하다고 보았다. 그러면서도 네이피어는 동료 장교들에게 강력하게 요청했다. "**어떤 희생을 치르더라도** 반드시 여기로 석탄 보급선을 보내주어야만 하네. 석탄이 없으면 증기 함정은 무용지물이거든."[27] 1840년 9월 9일, 베이루트를 향한 포격이 시작되었다. 고르곤호와 나머지 3척의 증기 함정이 앞장섰고 그 주변에 15척의 범선이 추가로 포진했다. 굴뚝에서 연기를 내뿜는 증기 함정들은 베이루트만을 자유자재로 둥글게 에워싸고 알리의 아들인 이브라힘 파샤Ibrahim Pasha가 지휘하는 이집트 수비군을 거듭 공격할 수 있는 특유의 능력을 지니고 있었다. 영국 해군이 설정한 나머지 목표물 역시 타격을 입은 듯 보였다. 포격이 특히 맹렬했던 9월 11일 이후, 해당 지역 사령관은 영국 함대에 규탄 서한을 발송했다.

나의 병사 다섯 명을 죽이는 과정에서 너희는 가정을 파괴하고 비탄에 빠뜨렸으며 여자, 연약한 아기와 그 어머니, 노인, 불운한 농

---

27 1840년 8월 23일, 찰스 네이피어가 호지스 대령에게 발송한 서한, in Elers Napier, *The Life and Correspondence of Admiral Sir Charles Napier, Vol. II* (London: Hurst and Blackett, 1862), 21 (강조는 원문).

민 두 명을 죽였다. 또한 내가 아직 알지 못하는 많은 사람들이 목숨을 잃었을 것이다. … 너희의 포격은 나의 병사들이 아니라 불운한 농민들에게 보다 더 격렬하고 파괴적이었다. 너희 스스로 이 도시의 주인이 되기로 마음먹은 것인가?[28]

베이루트에서 발견된 일부 자료에는 포격으로 약 1천 명이 목숨을 잃었고 그 시신이 거리 여기저기에 흩어져 있었다는 주장이 담겨 있다. 미국 순양함 승조원은 다음과 같이 보고했다. '민간 건물이든 공공 건물이든, 모든 건물이 폐허 더미로 변했다. 영국 함대는 남아 있는 건물 몇 동에 포격을 가하고 있었다. 돌 위에 얹혀 있는 돌이 단 한 개도 없게 하겠다는 굳은 의지가 보였다. 이 도시는 파괴와 혼란의 현장 그 자체다.'[29]

이러한 위업을 달성한 후 증기 함정들은 해안을 따라 이브라힘 파샤의 군대를 추격했다. 북쪽 라타키아에서 트리폴

---

28 W. P. Hunter, *Narrative of the Late Expedition to Syria, Vol. I* (London: Henry Colburn, 1842), 69-70에서 인용.

29 Letitia W. Ufford, *The Pasha: How Mehmet Ali Defied the West, 1839-1841* (Jefferson: McFarland, 2007), 141에서 인용.

리 및 수르를 거쳐 남쪽 하이파에 이르는 지역에서 이브라힘 파샤의 주둔군은 마치 도미노처럼 무너졌고, 예측할 수 없었던 가차 없는 공격을 받은 수비군은 후퇴했다. 네이피어는 의기양양하게 말했다. "증기 함정 덕분에 큰 우위를 점할 수 있었습니다. 우리는 증기 함정을 계속해서 움직여야 합니다. 이브라힘이 증기 함정을 무찌르려면 아주 빠르게 행군해야만 할 것입니다."[30] 런던으로 급파된 증기 우편선을 통해 전선에서 날아온 소식에 만족한 파머스턴 경은 다음과 같이 회신했다. "시리아에 보다 더 많은 병력이 모일 수 있다면, 더 나을 것이오."[31] 그런 뒤 파머스턴 경은 팔레스타인 도시 아크레(아랍어명: 악카Akka) 공격을 명령했다. 그곳에서의 전투가 결정적인 전투가 될 것임을 모르는 사람은 없었다. 아크레는 1799년, 나폴레옹을 상대로 반년을 버텼고 이브라힘 파샤가 아크레를 포위했던 1831년에도 다시 한번 반년을 버틴 일로 유명한 도시였다. 그 이후 이집트 사람들

---

30 9월 25일 발송한 서한, in Charles Napier, *The War in Syria, Vol. I* (London: John W. Parker, 1842), 83, 124.

31 Broadlands Archive: 1840년 10월 5일, 파머스턴 경이 폰슨비 경에게 발송한 서한, GC/PO/755-769.

은 과거 십자군의 수도였던 아크레의 성벽을 수리하고 성곽을 중포로 무장했다. 그런 뒤 병력 수천 명을 주둔시켜 그때까지 레반트 지역 해안에서 가장 견고한 요새로 알려져 있던 아크레의 위상을 강화했다. 주요 보급창은 무기와 탄약으로 가득 채워졌는데, 그것들은 대부분 중앙 화약고에 보관되어 있었다. 또한 아크레는 군무와 관계없는 민간인도 많이 살고 있는 번성하는 도시였다.

1840년 11월 1일, 고르곤호와 나머지 3척의 증기 함정이 아크레 해안에 모습을 드러냈다. 도착한 것은 그 4척뿐이었다. 미풍을 받은 범선들의 도착이 늦어졌기 때문이다. 네이피어 제독은 이집트 사람들에게 항복을 촉구했다. 이집트 사람들이 항복을 거부하자 포격이 시작되었다. 어느 보고서는 그 전투를 다음과 같이 묘사했다.

> 따라서 전쟁에서 증기 함정의 유용성이 드러났다. 동맹군의 증기 함정 전대는 만에 도착하자마자 즉시 이 도시에 총을 쏘아 대며 포격하기 시작했다. 그것이 주둔군을 매우 괴롭혔을 것임에 틀림없다. **증기 함정이 끊임없이 위치를 바꿨기 때문에** 주둔군이 빠르게 응사했음에도 불구하고 증기 함정에는 별다른 피해를 주지

못했다.[32]

11월 2일 저녁, 바람의 힘으로 움직이는 함대의 나머지 전함들이 도착하여 적절한 전선이 갖춰졌다. 새로운 방식의 추진력이 제공하는 특별한 기동성을 완벽하게 활용하려면 증기 함정들이 공격의 중심에 서 있어야 할 터였다.

11월 3일 오후, 증기선들은 아크레에 맹공을 재개했다. 나머지 전함들도 네이피어가 '지독한 포격'이라고 부른 공격에 동참했다.[33] 수비군은 포탄을 날려 응사했다. 2시간 30분이 지난 후 귀청을 찢는 폭음이 전장을 울렸다. 이 사건에 대한 많은 설명 가운데 하나는 다음과 같이 언급한다. 아크레 내부에서 '마치 화산처럼 불더미와 연기가 갑자기 하늘로 솟구쳤고, 곧이어 그 힘에 의해 운반된 온갖 종류의 물체들이 소나기처럼 쏟아져 내렸다. 자욱한 연기가 마치 거대한 검은 돔처럼 모든 것을 가렸다.' 그리고 다음과 같이 덧붙였다.

---

32 *The Mirror of Literature, Amusement and Instruction*, 'Burford's Panorama', 13 February 1841, 107 (강조는 원문).

33 Napier, *The War*, 206.

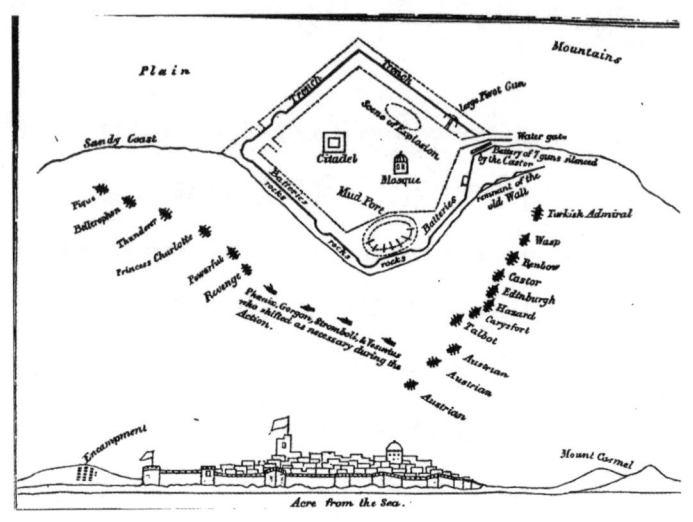

아크레 전투 배치도
출처: W. P. Hunter, *Narrative of the Late Expedition to Syria, vol. I*, 263.

소란스런 공격 너머로 무시무시한 충돌음이 들려왔고 곧이어 가장 경악스러운 정적이 뒤따랐다. 양측은 갑자기 포격을 중단했고 몇 분 동안 공포스러운 정적이 이어졌다. 이 정적 사이로 멀리서 들려오는 천둥소리처럼 되풀이되는 산울림과 휘청거리는 건물이 무너지는 소리가 간간이 들려왔다.[34]

---

34 Robert Burford, *Description of a View of the Bombardment of St Jean D'Acre* (London: Geo. Nichols, 1841), 8, 3.

아크레의 거대한 화약고에 포탄이 떨어진 것이었다. 고르곤호는 이 공격을 성공시킨 영웅으로 칭송받았다. 영국 해군의 한 선장은 자신감 넘치는 목소리로 말했다. "증기 프리깃함인 '고르곤호'가 정확하게 조준하여 날린 포탄이 화약고를 폭파했다."[35] 우연히 맞췄을 가능성도 배제할 수 없었지만 그렇다 하기에는 영국 해군이 화약고의 위치를 선명하게 인지하고 있었다. 새롭게 획득한 정보를 전달받은 영국 해군 총사령관 민토 경Lord Minto은 '아크레에 다량의 화약이 매우 불안하게 보관되어 있다'는 근거를 토대로 명령을 내렸고, 10월 7일에 서명한 서한에서 그 화약고를 적합한 목표물로 지목했다.[36]

고의성 여부와 관계없이, 이것이 최초의 진정한 증기 전함인 고르곤호가 수행한 공격의 결과라는 사실에는 의심의 여지가 없다. 팔레스타인 도시 아크레는 건물 잔해 더미로 변했다. 파머스턴 경에게 전달된 보고서는 다음과 같이 언급했다. '2개 연대가 전멸했다. 6만 제곱야드 내에 살

35   헨더슨Henderson 선장 in Yates, *The Modern History*, 435.

36   Elliot Papers, National Maritime Museum: Lord Minto to Robert Stopford, 7 October 1840, ELL/216.

존 프레드릭 와레John Frederick Warre, '생장다크레 포격과 함락
The Bombardment and Capture of St Jean D'Acre,' (1841)

아 있는 모든 생물이 소멸했다. 목숨을 잃은 사람의 수는 1200명에서 2천 명 사이로 다양하게 추정된다.'[37] 11월 3일 밤, 아크레에서 생존한 소수의 아랍 군인들이 마지막까지 사수했던 위치에서 철수했다. 다음 날 영국군이 아크레에 입성했을 때, 그들을 맞이한 것은 철저하게 파괴된 현장이었다. 그 모습은 다음과 같았다.

37 스미스Charles F. Smith 대령이 파머스턴 경에게 보낸 보고서, in 'Correspondence Relative to the Affairs of the Levant', Parliamentary Papers, 1841, VIII, 56.

화약고 폭발로 인해 검게 그을리고 포격으로 인해 가장 끔찍한 방식으로 훼손된 남성, 여성, 어린이의 시신이 폐허가 된 주택 사이에 반쯤 묻힌 채 사방에 널려 있었다. 여성은 남편의 시신을, 아이들은 아버지의 시신을 찾아 헤매고 있었다.[38]

본국에 머무는 아내에게 보낸 편지에서 찰스 네이피어는 죄책감으로 인해 마음이 편치 않고 어쩌면 가책을 느끼는 것 같다고 심경을 토로했다. "아크레 해안은 혼란 그 자체였소. 우리가 야기한 것이었지만, 내가 목격한 광경은 절대로 잊어버릴 수 없을 것 같은 것이었소. 생각만 해도 몸서리가 쳐진다오." 네이피어는 폐허 속에서 수백 명에 달하는 사람들이 주검이 되어 가고 있거나 이미 목숨을 잃은 모습을 목격했다. "양쪽으로 반 마일에 걸쳐 펼쳐진 해변에 시신들이 흩어져 있었소." 며칠 뒤 그 시신들은 "진짜 지독한 악취를 풍기기 시작했소."[39] 심지어 네이피어는 본인이 작성한 공식 기록인 《시리아 전쟁 War in Syria》에서조차 다음과 같이 인정했다.

---

38 *Tait's Edinburgh Magazine for 1841*, 'Political register', 1841, VIII, 65.

39 1840년 11월 13일, 찰스 네이피어가 엘리자 네이피어에게 보낸 편지, in Napier, *The Life and Correspondence*, 113.

'신에게 봉헌된 이 도시는 거의 완전히 초토화되었다. 이 도시 어느 곳을 가든 부상과 질병에 시달리는 가엾고 비참한 사람들과 마주치게 된다. 이보다 더 충격적인 일은 없을 것이다.'[40] 영국 해군은 자신들이 저지른 파괴의 규모에 스스로 놀란 것처럼 보였다. 민토 경에게 발송한 서한에서 또 다른 제독은 다음과 같이 기록했다. '우리 전함들의 포격으로 이 도시와 도시의 모든 것이 얼마나 철저하게 파괴되었는지, 전하께 감히 설명할 수 없습니다.'[41] 좀 더 소규모인 증기선 가운데 한 척에 승선했던 한 장교 후보생은 건물 잔해에서 비어져 나온 손, 팔, 발가락에 대해 언급했다.[42]

오늘날에는 거의 잊혔지만, 이 사건은 초기 빅토리아 시대 영국 사람들의 마음을 강렬하게 사로잡으면서 영감을 불어넣었다. 나폴레옹을 상대로 반년을 버텼던 이 요새는

---

40 Napier, *The War*, 211.

41 Elliot Papers: 1840년 11월 5일, 로버트 스토퍼드Robert Stopford가 민토 경에게 발송한 서한, ELL/214. 스토퍼드는 아크레 전투 당시 영국 해군의 고위 사령관이었다.

42 헌트 씨의 설명 in W. P. Hunter, *Narrative of the Late Expedition to Syria, Vol. I* (London: Henry Colburn, 1842), 310.

증기 전함의 공격이 시작된 지 3일도 채 지나지 않아, 그리고 보다 더 대중적인 셈법에 따르면 11월 3일 집중 포격이 시작된 지 **3시간**도 채 지나지 않아 무너졌다. 이 사건을 통해서 일반적으로는 영국의 힘 그리고 특수하게는 증기의 힘이 장엄하고 경외심을 불러일으키는 기적으로 세간에 알려졌다. 이 사건을 묘사하는 일련의 그림들도 그려졌다. 예를 들면 여기 수록한 H. 윙클스H. Winkles의 그림(다음 쪽)에는 고르곤호일 가능성이 높은 증기 함정이 아크레를 정조준하고 있다. 아크레에서 피어오른 연기 기둥은 성벽과 미너렛[43] 너머에 자리 잡은 화약고에서 지독한 폭발이 일어났음을 보여준다. 석탄은 포를 쏘아 올렸고 도시는 불타올랐다.

또 다른 석판화에는 아랍 수비군 시점에서 바라본 장면이 묘사되어 있다. 위 그림과 비슷하게 중앙에 자리 잡은 증기 함정에서 연기가 피어오르자 좌측에 자리 잡은 도시 전체가 파괴된다.

화약고 폭발은 이 전투의 백미였다. 그러나 그 폭발은 그 이상의 의미를 지니고 있었다. 증기 전함들은 자유롭게 기동

---

43 [옮긴이] 이슬람 회당 외곽에 설치하는 첨탑.

H. 윙클스, '1840년 11월 3일, 제독 찰스 네이피어 경의 지휘 아래 이루어진 생장다크레 포격Bombardment of St Jean D'Acre, by Admiral Sir Charles Napier, 3 November 1840' (1840)

할 수 있는 능력을 아크레 성벽 인근 해상에서 활용했다. 증기 전함들은 포격할 때는 40미터 정도로 가까운 곳까지 접근했다가 필요할 때는 뒤로 물러날 수 있었다. 증기력 덕분에 보다 정확하고 보다 더 파괴적인 포격이 가능할 수 있었다. 포격은 거의 3일 동안 이어졌고 마침내 화약고를 폭파시켰다. 영국 해군이 극도로 정확한 이 압도적인 힘으로 이브라힘 파샤의 군대를 겨냥했을까? 최근, 이 공격을 가장 상세하게

슈란츠 형제Schranz Brothers,
'생장다크레 포격Bombardment of St. Jean d'Acre' (1841)

재현한 이스라엘 연구자 네 명은 다음과 같이 기록했다. '포격은 오히려 도시 그 자체를 목표물로 삼았다. … 사실, 포격의 목적은 주둔군의 항복을 받아내는 것이었다. 그 방법은 주둔군이 견뎌 낼 수 있을지 모르는 부상을 유발하는 것이 아니라 주둔군을 살해하고 비전투원에게 고통을 안기는 것이었다.'[44] 이것을 일종의 전략적 사고라고 인식할지도 모

44 Yaacov Kahanov, Eliezer Stern, Deborah Cvikel and Yoav Me-Bar, 'Between Shoal and Wall: The Naval Bombardment of Akko, 1840', *Mariner's Mirror* (2014) 100: 160.

르겠다. 그러나 또 다른 제독은 그 작동 방식을 묘사했다. '성벽을 무너뜨린 포탄은 모두 주택의 지붕을 강타했다. 벽이 무너지면서 그 아래에 있는 사람들 머리 위로 돌덩이가 떨어졌다. … 어디에도 피할 곳은 없었다.'[45]

배에서 내린 영국 해군들이 어떤 가책을 느꼈든지와는 관계없이 본국에 자리 잡은 화이트홀 사람들의 기쁨은 하늘을 찔렀다. 파머스턴 경은 아크레를 함락하고 '통상조약의 실행 가능성'을 확보한 영국 해군을 치하했다.[46] 중동에서 자유무역을 실현할 수 있는 길이 확보된 것이었다. 이것은 증기 전함이 이룩한 위대한 성취였다. 사람들은 증기 전함의 효율성을 높이 평가했다. 증기 전함이 '전투 중에 위치를 계속해서 이동했고 포격하기에 가장 효과적인 위치가 확보되면 언제든 총을 쏘면서 포격했다'라고 논평한 한 보고서에서는 다음 사항을 알아차렸다. '증기 함정 4척 가운데

45　1840년 11월 4일, H. J. 코드링턴H. J. Codrington이 E. 코드링턴E. Codrington에게 보낸 편지 in *Selections from the Letters (Private and Professional) of Sir Henry Codrington* (London: Spottiswoode & Co, 1880), 162.

46　Broadlands Archive: 1840년 11월 14일, 파머스턴 경이 폰슨비 경에게 발송한 서한, GC/PO/755-769.

단 1척에서도 죽거나 부상당한 승조원이 없었다는 사실은 다소 놀라운 일이다.'47 승조원이 부상을 입지 않고 전투에 임했다 하더라도 또 다른 자원인 연료는 거의 고갈된 상태였다. 전투가 끝난 후, 하루치 이상의 연료가 남아 있는 증기 함정은 단 한 척도 없었다. 현실적으로 적재한 모든 석탄을 아크레 초토화에 동원했던 것이다.

이 도시의 함락은 전쟁의 결과를 단번에 결정했다. 이브라힘 파샤의 군대는 무너졌고, 그들은 팔레스타인 해안 평야를 통해 무질서하게 퇴각했다. 증기 함정은 야파에 상륙하여 가자 지구 주위를 맴도는 퇴각군을 계속해서 거듭 공격했다. 1841년 1월, 육상에서는 보병 부대가 가자 지구에 입성하여 '적군의 식량을 제거'했다. 비록 짧은 순간에 불과했다고 하더라도, 영국이 이끄는 군대가 처음으로 팔레스타인의 이 모퉁이를 점령한 순간이었다.[48]

영국군이 가자 지구를 점령하고 그곳을 측량하면서 그곳

47　Yates, *The Modern History*, 474.

48　1841년 1월 17일, 요크무스Jochmus 사령관이 폰슨비 경에게 발송한 서한, in *August von Jochmus' Gessamelte Schriften, Erster Band: The Syrian War and the Decline of the Ottoman Empire, 1840-1848* (Berlin: Albert Cohn, 1883), 84(178 참조).

에 저장된 식량을 (오로지 이집트 군대가 활용하지 못하게 할 목적으로) 제거하는 동안, 사기가 떨어진 채 뿔뿔이 흩어진 이집트 군인들은 배고픔과 갈증에 시달리면서 사막을 건너 이집트로 이동했다. 그 수는 전쟁이 발발했을 때 이브라힘이 지휘했던 군대의 4분의 1에 채 못 미쳤다. 그들이 이집트에 도착하기 전에 네이피어는 알렉산드리아항으로 증기 함정을 보내 메흐메트 알리가 영국의 모든 요구를 수용하지 않는다면 알렉산드리아를 아크레와 똑같이 만들어 버리겠다고 위협했다. 알리는 적어도 팔레스타인 지역만은 유지할 수 있게 해 달라고 요청했지만 네이피어는 '알렉산드리아를 잿더미로 만들어 버릴 수 있다'고, 다시 한번 경고했다.[49] 팔레스타인은 더 이상 협상 대상이 아니었다. 네이피어는 동일한 수단을 활용하여 이집트에서 발타 리만 조약을 즉시 시행할 것을 요구했다. 알리는 이 점에 대해서도 역시 동의했다.

이렇게 영국은 증기라는 수단에 힘입어 아랍 최초의 제국을 파괴했다. 베이루트에서 알렉산드리아에 이르는 지역에서 영국 해군의 증기 함정은 선봉에 서서 승리를 이끌었다.

---

49 Tait's, 'Political Register' 65.

공간 기동성이 뛰어났던 증기 함정이 모든 기동에서 바람의 힘으로 움직이는 함정보다 더 노련하게 움직였기 때문이었다. 《맨체스터 가디언》은 '강철 증기 전함Iron War Steamers'에 대한 기사에서 알렉산드리아에 거주하는 익명의 영국 국민이 보낸 편지를 인용했다.

> 최근 레반트 지역에서 일어난 많은 일에 증기가 사용되었기 때문에 이제는 모든 사람이 증기가 전쟁이나 평화의 요소로서 어떤 역할을 할 수 있는지 알게 되었다. 그들의 마음속에는 '다음에는 무슨 일이 일어날까?'라는 질문이 담겨 있다. 이브라힘 파샤는 일주일 만에 시리아 해안을 잃은 이유를 다음과 같이 고백할 수밖에 없었다. "증기 함정이 적을 여기저기, 사방으로 매우 순식간에 실어 날랐기 때문에 적을 따라 잡으려면 날개가 필요할 것 같았다! 마치 램프의 요정과 싸우고 있는 듯한 생각이 들었다!"[50]

증기의 힘은 화석연료에서 비롯되었다. 증기 덕분에 제독들과 선장들은 자신의 전함을 과거에서 유래한 동력원,

---

50 'Iron War Steamers', *Manchester Guardian*, 14 April 1841.

즉 실제 전투가 벌어지는 시공간 외부에 존재하는 에너지원에 연결할 수 있었다. 그러므로 전함들은 이 에너지원을 통해 마치 날개가 달린 것처럼 포격할 수 있었다. 매장된 에너지를 적을 제압하기 위한 힘으로서 동원하는 능력에 힘입어 영국의 군사적 우위는 급격하게 향상되었다. 또는 팔레스타인과 관련하여 《옵저버》가 알아차린 것처럼 '심지어 지금도 증기는 군사적 전능과 군사적 편재라는 발상을 거의 실현한다. 증기는 어디에나 있고 증기에 저항할 수 있는 세력은 없다.'[51] 팔레스타인에서 그 저력을 입증한 영국은 화석연료의 힘을 전 세계에 투사하게 될 터였다.

이집트의 종속

이러한 사건들로 인해 가장 먼저 운명이 확정된 나라는 이집트였다. 메흐메트 알리가 영위하던 면화 산업은 사실상 하루아침에 산산이 부서졌다. 자유무역이 쪼그라든 알리의 영역마저 침범해 들어오자, 나일강 주변에 지어진 공장들은 영국 수출업자의 공세를 버텨 낼 수 없었다. 그 이유는 매우

---

51 'The Recent Victories', *Observer*, 28 November 1842.

명확하다. 이집트에는 근대적 동력원이 없었던 것이다. 나일강은 거의 감지할 수 없을 정도로 경사가 완만해서 유속이 느리고 급류와 폭포가 없다. 그렇기 때문에 이집트는 수력을 활용할 수 없었다. 그렇다고 이집트가 증기력을 가진 것도 아니었다. 그 대신 이집트 제조업은 생물의 힘animate power을 압도적으로 많이 활용했다. 이집트 사람들은 황소 또는 노새, 심지어 인간 근육의 힘까지 이용하여 기계를 움직였다. 이러한 에너지원은 증기 엔진에 비해 불완전한 에너지원이었다. 이러한 에너지원은 약하고 고르지 않으며 불규칙했다. 그렇다면 메흐메트 알리가 증기를 도입하지 않았던 이유는 무엇일까? 사실 알리는 증기를 간절히 원했다. 자본주의적 산업의 경향에 긴밀하게 동조한 알리는 1920년대부터 집착에 가까울 정도로 증기와 석탄에 몰두했다. 알리는 주조소 및 공장에서, 바다에서, 경제적 경쟁 및 전쟁에 이르는 모든 영역에서 영국을 모방함으로써만 영국에 맞설 수 있다는 것을 알고 있었다. 알리는 파머스턴 경의 사절단에게 다음과 같이 말했다. "영국은 많은 위대한 발견을 해 왔

지만, 그중에서도 최고는 증기 항해술을 발견한 것이다."⁵²

그러나 증기에는 연료가 필요했다. 한데 알리에게는 매장된 석탄이 없었다. 알리는 이 문제를 예리하게 인지했다. 석탄층의 존재를 확인하기 위해 상이집트Upper Egypt 및 수단 그리고 그 너머까지 탐험대를 보낼 정도였다. 내가 지도하는 박사과정생 아므르 카이리는 최근 박사학위 논문 〈불붙은 이집트: 나일강에 도착한 증기력이 이집트를 산업자본주의에 통합한 과정(1820년대~1876년)Egypt Ignited: How Steam Power Arrived on the Nile and Integrated Egypt into Industrial Capitalism(1820s-76)〉을 발표했다. 이 논문에서 카이리는 석탄을 찾아 나선 여정이 메흐메트 알리의 제국 확장을 이끌어 갔던 과정을 보여준다. 그가 시리아 정복에 나선 동기 가운데 하나는 레바논 산맥Mount Lebanon에 석탄이 매장되어 있다는 보고서에서 비롯되었다. 그리고 실제로, 드루즈파와 마론파가 자리 잡고 있는 구릉지에서는 석탄을 캘 수 있었다. 1837년에 이집트 사람들은 영국의 총 석탄 생산량의 2.5퍼센트에 해당하는 양의 석탄을 채취했다. 분명 이 레바논산産 석탄은 품질이 떨어지고 비쌌다. 뿐만

---

52 John Bowring, *Report on Egypt and Candia: Addressed to the Right Hon. Lord Viscount Palmerston* (London: W. Clowes and Sons, 1840), 147.

아니라 이것들로는 영국에 의해 무너지기 전에 카이로에 자리 잡고 있던 공장들의 동력원을 증기로 전환하기에 분명 모자랐다. 또한 레바논 산맥에서 이루어진 초기 단계의 석탄 산업은 알리에게 골칫거리를 안겼다. 광산에서 강제로 일하게 된 사람들이 광산 노동을 혐오스럽게 생각한 나머지 1840년에 이브라힘 파샤의 군대에 맞서 봉기를 일으켰기 때문이다. 영국은 자신들의 정치적 목적을 위해 이 폭동을 이용했다. 알리가 품었던 석탄을 향한 꿈에 반기를 든 봉기는 그의 몰락을 이끈 원인이 되었다. 알리의 프로젝트는 아랍 땅에 화석 제국을 건설하는 것이었다. 제국을 건설한 모든 사람들과 마찬가지로 알리는 무자비한 폭군이었다(1834년, 나블루스 사람들은 알리에 맞서 봉기했다). 제국의 기초가 될 만큼 적절한 수준의 석탄 매장지를 확보하지 못한 탓에 결국 알리의 프로젝트는 철저한 실패로 끝나고 말았다. 오늘날 막대한 양으로 알려진 튀르키예의 석탄이 알리의 손에 들어갔다면 무슨 일이 일어났을지에 대해서는 짐작만 할 수 있을 뿐이다. 1840년 전쟁이 끝난 직후, 쇠약해진 메흐메트 알리는 영국 방문객에게 이렇게 외쳤다. "석탄!

석탄! 석탄! 나에게 필요한 것은 그것 하나뿐이오."[53]

1830년대에 이집트는 중심부와 주변부 사이를 아슬아슬하게 오가고 있었다. 이집트는 일찌감치 산업화에 착수하여 잠시 동안 유럽과 미국 외부의 지역을 선도하는 (오늘날의 용어로 말하자면) '신흥 경제국'으로 자리매김했다. 그러나 그 시점은 석탄을 연료로 삼는 증기력에 접근할 수 있는지 여부가 국가의 운명을 결정하는 시점이었다. 증기라는 입장권이 없었던 이집트를 위에서 매몰차게 걷어차자, 이집트는 계단 아래로 굴러 떨어지고 말았다. 나일강 주변에 지어진 면화 공장들은 금세 폐허가 되었다. 이집트는 영국 수출업자들에게 중요한 시장이 되었고, 심지어 보다 더 중요한 원면의 원천이 되었다. 이집트의 위상은 주변부로 전락하고 말았다. 1840년 이후 이집트는 19세기에 산업 공동화를 경험한 어느 곳보다도 더 극심한 산업 공동화를 겪었다. 1900년 무렵에는 이집트가 수출하는 품목의 93~100퍼센트가 단 하나의 작물로 구성되었다. 이 정도의 특화 수준은 흔치 않은 것이었다. 보다 더 너른 아랍 세계에서 이집트가 차지

---

[53] A. A. Paton, *A History of the Egyptian Revolution, Vol. II* (London: Trübner & Co., 1863), 239.

하고 있던 위상으로 인해 이 저개발은 이 지역 전체를 서구의 선진 자본주의 국가에 종속시키는 데도 기여했다. 이 권력 관계는 1840년에 일어난 사건들을 통해 공고해졌고, 그 결과는 매우 오래 지속되었다.[54] 〈불붙은 이집트〉 논문에서 아므르 카이리는 이 이야기를 이례적으로 소상하게 이어 가면서 이집트가 영국을 중심으로 돌아가는 화석 경제에 포섭되어 간 과정을 설명한다. 마침내 이집트 경제는 석탄과 증기로 꽉 채워지게 되었지만, 그 석탄과 증기는 영국에서 수입한 것으로, 원자재의 생산과 운송에 사용되었다. 다행스럽게도 이 논문은 책으로 출판될 예정이므로 독자들은 곧 내용 전체를 만나볼 수 있을 것이다.[55]

팔레스타인 할양

이 시대에 운명이 확정된 두 번째 나라는 팔레스타인이다. 1840년, 대영제국은 유대인에 의한 팔레스타인 식민지화를

---

54 추가적인 맥락과 참조를 위해 Andreas Malm and the Zetkin Collective, *White Skin, Black Fuel: On the Danger of Fossil Fascism* (London: Verso, 2021), 343-363을 참고하라.

55 근간 예정(Verso).

처음으로 제안했다. 보다 정확하게 말하면, 11월 25일에 파머스턴 경은 이스탄불 대사 폰슨비 경에게 다음과 같은 내용의 서한을 발송한다. '이것(몇 주 전 있었던 아크레의 함락)은 우리 모두에게 큰 승리입니다. 특히 당신에게는 더욱 그러합니다. 유럽이 공세를 펼치면 메흐메트의 권력을 산산이 부술 수 있다고 항상 주장해 왔으니까요.' 그런 다음 파머스턴 경은 다음과 같이 덧붙였다.

> 이 유대인들을 위해 당신이 할 수 있는 일을 시도하기 바랍니다. 그들에 대한 관심이 어느 정도인지 당신은 모릅니다. [만일 우리가 술탄을 움직여] 유대인들이 팔레스타인으로 귀환하여 땅을 사들이도록 격려하고 그들에게 편의를 제공[하게 만들 수 있다면], 그것은 지극히 분별력 있는 처사일 것입니다. 만일 우리가 그들에게 우리 영사 및 대사에게 민원을 제기할 수 있도록 허락한다면, 즉 그들이 사실상 우리의 보호 아래로 들어오게 된다면, 막대한 재산을 지닌 상당수 유대인들이 팔레스타인으로 돌아갈 것입니다.[56]

---

56 Broadlands Archive: 1840년 11월 25일, 파머스턴 경이 폰슨비 경에게 발송한 서한, GC/PO/755-769.

제1차 시온주의자 회의가 열리기 57년 전, 밸푸어 선언이 있기 77년 전, 팔레스타인 분할안이 나오기 107년 전에 그 힘이 정점에 달한 대영제국의 주요 설계자 파머스턴 경은 팔레스타인을 식민지화할 방안을 수립했다. 몇 가지 이유로 이 특별한 문서는 역사 기록 어디에도 인용된 적이 없었던 것으로 보인다. 그러나 아크레가 초토화된 뒤 행복감에 젖은 상태에서 발송한 이 한 통의 서한에는 모든 것이 압축되어 있다.

1840년은 지금 우리가 시온주의 프로젝트로 알고 있는 것에 열광하는 사람들이 처음으로 등장한 해였다. 시온주의 프로젝트는 몇 년에 걸친 준비 끝에 세상에 모습을 드러냈다. 상당히 잘 알려진 것처럼 1830년대 말 영국에서는 기독교 시온주의가 급증했다. 기독교 시온주의는 유대인이 결집하여 팔레스타인을 '수복'해야만 한다는 교리를 가지고 있었다. 그곳에서 유대인들은 기독교도로 개종하고 그리스도의 재림을 앞당기며 최후의 심판의 도래를 알릴 것이다. 이 복음의 주요 전도사는 (파머스턴 경과 혼맥으로 이어져 있는) 섀프츠베리 백작이었다. 섀프츠베리 백작은 가족이라는 연줄을 최대한 활용하려고 노력했다. 그러나 외무장관 파머스턴 경과 대화를 나눌 때는 종교적 논거를 한쪽으로 치워두어야 했다. 그 대신 섀프츠베리 백작은 파머스턴 경에게 '수 세기 동안 거의 등한시되어 온 성지[옮긴이: 팔레스타인]의 생산력'을 다룬 다량의 보고서를 안겨 주었다. 만일 영국이 유대인이 팔레스타인으로 돌아가는 문제를 해결할 수만 있다면, 팔레스타인은 원면의 공급처이자 제품을 판매하는 시장으로 변모될 수 있을 터였다. 그러면 '영국 자본가들이 기계 및 경작에 거액을 투자하기로 마음먹게 될 터였다.'[57] 1840년 8월 1일 파머스턴 경과 저녁 식사를 마친 뒤, 신심이 깊으면서도 세상 물정에 밝은 섀프츠베리 백작은 일기장에 다음과 같이 적었다. '정치적, 재정적, 상업적인 측면에서 주장을 펼 수밖에 없었다. 이러한 측면에서 접근해야 그에

---

[57] Broadlands Archive: 1836년 4월 19일, 애슐리 경(훗날의 섀프츠베리 백작)이 파머스턴 경에게 발송한 서한, GC/SH/2-22. 팔레스타인의 상업적 잠재력은 파머스턴 경에게 제출된 보다 더 광범위한 또 다른 보고서에서도 부각되었다: John Bowring, *Report on the Commercial Statistics of Syria, addressed to the Right Hon. Lord Viscount Palmerston* (London: William Clowes and Sons, 1840), 예를 들어 14-19, 30.

게 깊은 인상을 남길 수 있기 때문이다.'[58] 그러나 종말론과 제국은 양립할 수 없는 것이 아니었다. 섀프츠베리 백작은 1838년 영국이 예루살렘에 영사관을 열도록 하는 데 성공했다. 바로 그해에 영국이 발타 리만 조약에 서명함으로써 이 지역에 진출한 것은 우연이 아니다. 기독교의 신과 세속의 신이 상당히 그럴듯하게 혼합되었다. 외무장관 파머스턴 경의 견해를 형성하는 데 기여했을 것으로 보이는 파머스턴 경의 부인은 성서를 통해 아크레의 함락을 확인했다.

> 이러한 모든 것들이 그렇게 나타났다는 게 우연일 **리 없습니다!** 제 생각에 그것은 유대인의 수복과 예언의 완성입니다. ··· 매우 기이해 보이겠지만 우리가 구약성서에서 본 것처럼 아크레는 예리코 성벽처럼 무너진 것으로 보이고 이브라힘의 군대는 셀 수 없이 많은 유대인의 적들처럼 뿔뿔이 흩어진 것으로 보입니다.[59]

---

58 Eitan Bar-Yosef, 'Christian Zionism and Victorian Culture', *Israel Studies* (2003) 8: 28에서 인용.

59 1841년 12월 3일, 파머스턴 부인이 보낸 편지, in *Tresham Lever, The Letters of Lady Palmerston* (London: John Murray, 1957), 243-244 (강조는 원문).

이것이 온전한 이방인이자 기독교도인 백인 앵글로색슨인의 환상이었다는 점을 지적할 필요가 있다. 중동이나 그 밖의 다른 곳에서 생활하는 실제 유대인은 이 환상에서 아무런 적극적인 역할을 수행하지 않는다.

파머스턴 경 본인은 아크레의 초토화를 종말의 징조가 아니라 새로운 번영의 시대의 징조로서 선명하게 이해했다. 면화 산업이 시장의 부족으로 어려움을 겪는 일은 더 이상 없을 터였다. '메흐메트 알리의 굴복'이라 부른 사건이 일어난 뒤, 파머스턴 경은 자신의 일반적인 철학을 재천명했다.

> 세계 나머지 지역에서 우리 산업이 생산한 제품을 원하는 새로운 지역을 찾기 위해 부단히 노력해야만 합니다. 세계는 충분히 넓습니다. 그리고 인류의 욕망은 우리가 제조할 수 있는 모든 것에 대한 수요를 감당할 수 있을 만큼 충분히 막대합니다. 그렇지만 무역업자를 위해 길을 열고 확보하는 일은 정부가 해야 할 일입니다.[60]

이 계획에는 유대인이 수행해야 할 역할이 포함되어 있

---

60 Broadlands Archive: 1841년 1월 22일, 파머스턴 경이 오클랜드 경Lord Auckland에게 발송한 서한, GC/AU/63/1.

었다. 비교적 자주 인용된 또 다른 서한에서 파머스턴 경은 폰슨비 경에게 다음과 같이 말했다. 술탄을 설득하여 '유대인의 팔레스타인 귀환 및 정착을 격려하게 만들어야 합니다. 왜냐하면 유대인이 가지고 올 수 있는 재산이 술탄이 지배하는 영토의 자원을 증가시킬 것이기 때문입니다.' 나아가 유대인의 정착은 '메흐메트 알리나 그 계승자가 고안한 미래의 악을 저지하는' 역할을 수행할 수 있을 터였다.[61] '동방 위기Eastern crisis' 내내 파머스턴 경은 폰슨비 대사에게 서한을 발송하여 이 논리를 거듭 전달했다. 유대인이 팔레스타인으로 '귀환'함으로써 팔레스타인에 '수많은 부유한 자본가'가 이식될 것이다. 만일 술탄이 그들을 받아들인다면 술탄은 '이 나라'(즉, 영국)의 '강력한 계급'과 친분을 쌓을 수 있을 것이다. '유대인의 자본과 산업이 술탄의 세입을 크게 증가시킬 것이고 술탄의 제국에 큰 힘을 더할 것이다.'[62] 여기

---

61 예를 들어, Regina Sharif, 'Christians for Zion, 1600-1919', *Journal of Palestine Studies* (1976) 5: 130; Herbert A. Yoskowitz, 'British Zionistic Writings Revisited', *European Judaism* (1979) 13: 45; Shlomo Sand, *The Invention of the Land of Israel: From Holy Land to Homeland* (London: Verso, 2012), 153에서 인용.

62 첫 번째, 두 번째 서한은 Sharif, 'Christians for Zion', 130; Bar-Yosef, 'Christian Zionism', 29에서 인용; 세 번째 서한: Broadlands Archive: 1840년 12월 4일, 파머스턴 경이 폰슨비 경에게 발송한 서한, GC/PO/755-769.

서 우리는 제국주의적 시온주의의 뇌 스캔 사진을 볼 수 있다. 유대인이 본국metropole63에 얽매이게 될 것이기 때문에 유대인에게 팔레스타인을 내어준다면 자본가들이 자유롭게 발전하도록 지원하고 이 지역에 새로운 도전자가 나타나 반항하지 못하도록 차단하는 데 기여할 터였다.

1840년 8월 17일에 《더 타임스》에 수록된 기사를 통해 이 계획이 어느 정도로 주류의 반열에 올랐는지를 확인할 수 있다. 찰스 네이피어가 고르곤호에 승선하여 레바논 해안을 오르락내리락하고 있었던 시기에 작성된 그 기사는 유대인의 팔레스타인 정착이 '무법한 폭군 및 퇴보한 사회의 추가적인 침략을 막아내는 흉벽'으로 기능할 수 있다고 설명한다. 요컨대, 유대인의 팔레스타인 정책이 '동방 문명에 유익할' 것이라는 말이었다.64 현지에서는 제국 관료 체계의 장교들이 시온주의의 선발대를 형성했다. 그 가운데 일부는

---

63 [옮긴이] 식민지 제국의 본국, 중심 영토 또는 권력을 행사하는 국가. 19세기부터 이 용어는 주로 영국, 스페인, 프랑스, 네덜란드, 포르투갈, 일본, 오스만제국 등에서 식민지 또는 해외 영토가 아닌 해당 제국의 본 영토를 지정하기 위해 사용되었다.

64 *The Times*, 17 August 1840.

전장에서 막 돌아온 터였다. 처칠Churchill이라는 성을 사용하는 대령(그보다 더 유명한 윈스턴Winston의 먼 친척인 찰스 헨리 Charles Henry)은 1841년 초, 다마스쿠스로 진군한 영국군의 지휘관으로서 여러 고위 인사들이 모인 자리에서 이렇게 연설했다.

> 그렇습니다, 친우들이여! 한때 유대인이 그곳에 살았습니다! 예술로 유명했고 전쟁으로 이름을 날렸습니다. 이제는 거칠고 종잡을 수 없는 아랍인들이 이러한 아름다운 평야와 계곡을 차지하고 있습니다. 한때 비옥했던 땅에서 풍성하게 거둬들인 농작물의 풍요로움을 만끽하고 시온의 딸들의 노래가 울려 퍼졌던 땅은 황량하게 변해 버렸습니다. 부디 이스라엘 구원의 시간이 가까워지기를![65]

처칠 대령은 본인 말대로 '유럽 내 유대인 사이에는 팔레스타인으로의 귀환이라는 발상이 그리 강하게 자리 잡고

---

65 'Syria', *Morning Herald*, 3 May 1841.

있지' 않다는 사실을 제대로 인지하고 있었다.[66] 유대인의 바람은 자신들이 생활하고 있는 곳에서 계속 생활하는 것이었고, 이것은 처칠 대령을 실망시켰다. 처칠 대령은 영국의 후견과 보호하에 오스만제국을 고스란히 유지한다는 영국 정부의 정책에도 실망했다. 오스만제국의 붕괴를 원했던 처칠 대령에게 유대인에 의한 팔레스타인의 식민지화는 그것을 촉발하는 올바른 수단이었다. 처칠 대령은 자신이 영사로 재직 중인 다마스쿠스에서 영국 유대인 대의원회Board of Deputies of British Jews 회장 모지스 몬테피오레Moses Montefiore에게 장문의 서한을 발송했다. 그 서한에서 처칠 대령은 몬테피오레에게 동료 유대인들을 설득하여 팔레스타인과 가능하다면 시리아로 향하도록 만들라고 촉구했다.

> 당신들은 적어도 팔레스타인의 주권을 획득할 수 있을 것입니다. … 나는 무지막지하고 광신적인 통치자들의 손아귀에서 이러한 국가들을 구조해야만 한다고, 문명은 **반드시** 계속해서 진보해**야만** 한다고, 문명의 상업적 번영의 다양한 요소들을 **반드시** 발전시

---

66 Sharif, 'Christians for Zion', 132에서 인용.

켜**야만** 한다고 전적으로 확신하고 있습니다. 오스만제국Turks이나 이집트의 어리석고 노쇠한 전제정치하에서는 이와 같은 일이 절대로 일어날 수 없다는 것은 말할 필요도 없습니다. 한마디로, 시리아와 팔레스타인은 반드시 유럽의 보호하에서 유럽의 통치 정신에 따라 그리고 그러한 관점에서 지배되어야만 합니다. 결국 반드시 그렇게 될 것입니다.

처칠 대령은 유대인들이 영국과 그 동맹국들의 보호하에서 팔레스타인에 유대인 당국을 구성하고, '베두인 아랍인들Bedouin Arabs의 유입에 맞서 자신들을 방어하기 위해' 무장하는 모습을 마음에 그렸다.[67]

이 상서로운 시기에 팔레스타인에 다급히 뛰어든 또 다른 인물은 조지 골러George Gawler였다. 사우스오스트레일리아South Australia 총독이었던 골러는 재배치되자마자 〈시리아와 동방의 안정화: 아시아적인 튀르키에의 불행에 대한 가장 냉정하고 합리적인 해결책인 팔레스타인 유대인 식민지 건설

---

[67] 1841년 6월 14일, 처칠 대령이 모지스 몬테피오레 경에게 발송한 서한, in Lucien Wolf, *Notes on the Diplomatic History of the Jewish Question, with Texts of Treaty Stipulations and other Official Documents* (London: Spottiswoode, Ballantyne & Co., 1919), 119-121 (강조는 원문).

을 촉진하기 위한 실무적 제안Tranquilization of Syria and the East: Practical Suggestions in Furtherance of the Establishment of Jewish Colonies in Palestine, the Most Sober and Sensible Remedy for the Miseries of Asiatic Turkey〉이라는 제목의 짧은 논설문을 작성했다. 1840년대 초에 팔레스타인을 유람한 골러는 팔레스타인을 '**비옥한 땅을 가졌지만 현재 그 10분의 9는 황량한 상태인 국가**'로 인식했다. 그 땅은 '글을 읽지 못하고 항상 떠돌아다니는' 소수의 '베두인'을 제외하고는 비어 있는 땅으로, 이따금 '버려진 도시와 가시나무로 뒤덮인 평야'를 만날 수 있는 곳이었다. 해결책은 '**팔레스타인의 버려진 도시와 들판을 원기 왕성한 민족으로 가득 채우는 것**'이었다. 유대인들은 '해안을 빈번하게 오가는 해군력', 즉 영국 증기 함정의 보호하에 팔레스타인을 번성하는 시장으로 변모시킬 민족이었다.[68] 파머스턴의 친구인 E. L. 미트퍼드E. L. Mitford도 마찬가지로 팔레스타인을 '불모의 황량한 곳'으로 상상했다. 유대인에 의한 팔레스타인의 식민지화는 '영국에 축복을' 가져올 것이고 '그 축복은 맨체스터, 버밍엄, 글래스고에 자리 잡은 열악한 상황에 처한 제조업자들의 비참

---

68 *The Voice of Israel*, 'The Tranquilization of Syria and the East', 1 September 1845, 168에서 인용 (이탤릭 및 대문자 강조는 원문).

한 마음과 그들의 가정에 깃들 것이다.' 특별히 중요한 것은 그것이 이 지역 및 그 너머의 지역에서 화석연료로 가동되는 참호를 활성화할 터라는 점이었다.[69] 이스라엘이 영국의 보호하에 독립국가로 자리매김함으로써 '증기력의 전달에 대한 관리가 고스란히 우리 수중에 들어올 것이다. 우리는 레반트를 지휘하는 위치에 올라 레반트로부터 침략 과정을 저지할 것이고, 공공연한 적을 위압할 것이며, 필요한 경우 그들의 전진을 격퇴할 것이다.'[70] 이와 같은 방안은 1840년에 일어난 사건들에서 도출되었다.

이 시기에 상호 연관된 두 가지 원칙이 구상되었다. 첫 번째는 팔레스타인에 존재하는 사람은 아무도 없다는 것이고, 두 번째는 화석연료로 구동되는 기술의 힘을 이용하여 팔레스타인 땅을 차지해야만 한다는 것이었다. 첫 번째 원칙과 관련하여, 오늘날의 시온주의자들은 '사람이 없는 땅은 땅이 없는 민족을 위한 것'이라는 구호를 처음으로 제기한 사람이 누구인가를 두고 논쟁을 벌인다. 그렇지만 그 구

---

69 Albert M. Hyamson, 'British Projects for the Restoration of Jews to Palestine', *Publications of the American Jewish Historical Society* (1918) 26: 143에서 인용.

70 Sharif, 'Christians for Zion', 131에서 인용.

호가 1840년을 전후하여 등장했다는 데는 공감대가 형성되어 있다. 일각에서는 1839년에 섀프츠베리 백작이 《더 타임스》에 게재한 기사를 지목한다. 그 기사에서 섀프츠베리 백작은 '사람이 없는 땅—땅이 없는 사람'이라는 표현을 사용하는데, 사람이 없는 **땅**이라는 표현은 어쩌면 오늘날에 약간 더 으스스하게 들린다.[71] 섀프츠베리 백작의 동료이자 기독교 시온주의자인 알렉산더 키스에게 그 영예를 돌리는 사람들도 있다. 알렉산더 키스는 1839년에 팔레스타인을 탐험했고, 그곳이 '국가가 없는 민족'이 도착하기를 간절히 바라는 '사람이 살지 않는 땅'이라는 인상을 받고 돌아왔다.[72] 가자에서 알칼릴al-Khalil에 이르는 팔레스타인의 도시와 소도시는 '거주자가 없는 황량한 곳'이었다. 알렉산더 키스의 논평에 따르면 이 모든 마을은 '파괴되고 버려져 현재 거주하는 사람이 없는 곳'이었다.[73] 그러나 이제 기적이 일어났다.

---

71 'Christian Zionist Hall of Fame: Lord Shaftesbury', *Israel Answers*, 2024.

72 Diana Muir, '"A Land without a People for a People without a Land"', *Middle East Quarterly*, Spring 2008.

73 Alexander Keith, *The Land of Israel, according to the Covenant with Abraham, with Isaac, and with Jacob* (Edinburgh: William Whyte & Co., 1843), 34, 382, 366.

키스는 아크레에 대해서 다음과 같이 기록했다. '마치 주께서 명령하기라도 한 듯, 포탄이 방어용 화약을 저장해 둔 화약고를 관통했다. 마치 팔레스타인 최후의 **요새가 사라져야** 할 시간이 되었다는 것을 보여주기라도 하는 듯 무기들이 공중으로 솟아올랐고 요새는 산산이 부서져 바닥으로 흩어졌다.' 요새는 산산이 부서져 바닥으로 흩어졌다. '마치 낯선 사람의 손이 다른 일을 찾아야 하고 폐허가 된 벽을 또 다른 형태로 건설해야 할 때가 멀지 않았다는 듯… 아크레는 이스라엘 민족의 손에 떨어졌다.'[74]

팔레스타인에는 살고 있는 사람이 아무도 없다는 말은 이제 영국이 팔레스타인에 대해 논평할 때마다 끈질기게 등장하는 주제가 되었다. 섀프츠베리는 파머스턴 경에게 유대인에 의한 식민지화가 '사람이 살지 않는 지역의 불모지를 차지하는 가장 저렴하고 가장 안전한 방식'일 것이라고 알려주었다.[75] 《모닝 포스트》는 다음과 같은 주장을 담은 전형적인 기사를 게재했다. '시리아와 팔레스타인에는 사람

---

74 Ibid., 382 (강조는 원문).

75 Bar-Yosef, 'Christian Zionism', 29에서 인용.

이 살지 않는다.' 이곳은 '아라비아 황무지'의 '아들들'이 '민족을 형성하고 유지하지' 못했던 곳이다.[76] 여기서 1840년은 유대인 수복이라는 성서의 예언에 부합하는 해로 추정되었다. 아크레 사건이 일어난 후, 이와 같은 방식으로 종말론과 제국을 융합하는 행태가 크게 유행하게 되었는데 이것은 아마도 이 시기에 등장한 가장 특별한 책자일 것으로 생각되는 《동방의 왕들》에서도 드러난다. 익명으로 저술된 350쪽 분량의 이 책자에는 주석, 현실정치realpolitik, 증기 물신주의가 뒤섞여 있다. 여기서도 역시 팔레스타인은 거주자가 '거의 없는' 곳으로 언급되었고 아크레 함락은 영국의 권력power을 떠받치는 기둥인 증기라는 수단의 신성한 개입을 통해 이루어진 사건으로 묘사되었다.[77] 저자는 아크레의 형이상학적 의의의 증거로 현장을 직접 경험하고 작성한 보도를 인용했다. '이 도시는 완전한 폐허 더미다. 그곳에 있는 집들은 아

---

76 *Morning Post*, 'The Jews', 30 January 1841.

77 Anon., '*The Kings of the East*': *An Exposition of the Prophecies Determining, from Scripture and from History, the Power for Whom the Mystical Euphrates Is Being 'Dried Up'; with an Explanation of Certain Other Prophecies Concerning the Restoration of Israel* (London: R. B. Seeley and W. Burnside, 1842), 277; 권력을 떠받치는 기둥으로서의 증기에 대해서는 48-50을 참고하라.

무리 작은 집이라도 우리의 맹렬한 포격을 피하지 못했다. … 모든 것이 우리 총기의 정확성이 무엇과도 비교할 수 없다는 것을 충분히 증명하고도 남는다.' (주를 찬양하라.) '아크레에 주둔하고 있던 주둔군 수천 명이 이미 죽었거나 죽어 가고 있다.'[78] 그러므로, 수복이 임박했다. 이 익명의 저자는 '유대인이 유대Judea로 복귀하기 시작했다'고 뜬금없이 주장한다.[79]

성서의 두 구절이 이 과정에 특별한 실마리를 던져 주었다. 이사야 18장은 다음과 같이 시작한다. '아, 에티오피아의 강 건너편, 날벌레가 우글거리는 나라여! 특사를 왕골 배에 태워 강물에 띄워 보내는 나라여! 걸음이 날랜 특사들아 돌아가거라. 키 크고 털이 없는 민족에게로, 만인이 무서워하는 백성에게로, 강줄기가 여러 갈래 뻗은 땅에 사는 사람들에게로, 힘이 세어 남을 짓밟기 좋아하는 민족에게로 가거라.'[80] 여기서 선지자 이사야가 언급한 배는 어떤 종류였

---

78 Ibid., 209, 211(《더 타임스》 보도).

79 Ibid., 212.

80 [옮긴이] 이사야 18장 1~2절. 본문에는 킹제임스판 성서가 인용되어 있지만 번역은 공동번역 성서를 따랐다.

을까?[81] 명백히 이 저자(《동방의 왕들》의 저자)가 영국의 증기선을 염두에 두었음이 틀림없다. 영국의 증기선은 바다를 통해 대사를 보내어 팔레스타인을 유대인에게 열어 주었다. 이것을 바탕으로 저자는 참신한 예언을 도출한다. 영국은 '시리아로 돌아갈 모든 유대인의 보호를 보장할 것임을 **선언할 것이다.**'[82]

또한 시온주의 프로젝트에 대한 열광은 대서양을 건너 미국으로까지 이어졌다. 아크레가 함락되기 몇 주 전, 영향력 있는 진보 성향 정기간행물 《웨스턴 메신저》는 시류를 감지했다. '이제 증기선은 알렉산드리아만을 항해한다. 증기선이 나일 강물을 가르고, 철도 선로 위를 질주하는 증기 열차의 웅웅거리는 소리가 들려오니, 이슬람의 권력이 사라졌음이 사실상 확실하지 않은가?' '유대인이 팔레스타인을 소유할' 때가 된 것이었다.[83] 유대인들은 군사적 무력을 동원하여 그 땅을 차지하고 방어할 터였다. 그리고 온갖 종류의 이윤

---

81 Ibid., 204-206.

82 Ibid., 212. 이탤릭 강조는 원문[옮긴이: 본문에는 이탤릭이 아니라 대문자로 **강조되어 있다**].

83 *The Western Messenger*, 'Restoration of the Jews to Palestine' October 1840, 264, 266.

을 서구로 되돌려 보낼 터였다. 그러나 최초의 중요한 미국 시온주의자는 모데카이 마누엘 노아Mordecai Manuel Noah였다. 영국의 거의 모든 시온주의자와 다르게 유대인이었던 노아[84]는 1844년에 《유대인의 수복에 대한 논의》을 발간했다. 그는 팔레스타인에 가 본 적이 없었지만, 영국인 여행자로부터 "그 땅은 현재 황량하다"라는 내용을 전해 들은 것으로 보인다. 그럼에도 노아는 다음과 같은 말을 전했다. '곳곳에서 올리브 나무와 올리브유를 찾아볼 수 있고' 평원과 언덕에서 밀 및 곡식과 면화 및 담배가 자라며 '어느 곳에서나 가장 탐스러운 포도가 번성한다.' 현재 그 땅에서 '중요하고 거대한 변혁'이 일어나고 있다. 노아는 알리의 죽음을 '유대에 강력한 정부가 조직될 것'임을 예고하는 전조로 바라보는 관점

---

[84] 노아의 신원에 대해서는 Louis Ruchames, 'Mordecai Manuel Noah and Early American Zionism', *American Jewish Historical Quarterly* (1975) 64: 195-223을 참고하라. 우연인지 필연인지, 노아는 또한 '가장 저명한 노예제 폐지 반대론자 가운데 한 사람'이기도 했다. 노아는 《뉴욕 이브닝 스타》 편집장이라는 지위를 이용하여 아프리카계 미국인을 백인보다 정신적으로 열등한 존재로 묘사했고, 상원에서 노예제에 대해 토론하지 못하게 막은 이른바 함구령을 지지했으며, 심지어 '노예제 반대 관련 문헌의 출판을 처벌 가능한 범죄행위로 규정해야 한다'고 주장했다. Joseph Phelan, "'How Came They Here?': Longfellow's 'The Jewish Cemetary at Newport' Slavery, and Proto-Zionism" *EHL* (2020) 87: 141.

에 푹 빠져들었다. 그래서 그는 미국에 그 땅을 자국 보호하에 둘 것을 간청했다.[85]

노아 역시 이사야 18장을 읽었다. 노아는 이사야 18장을 히브리어로 직접 탐독한 뒤 선지자 이사야가 그 배를 고메이 gomey라고 불렀다는 사실을 발견하여 주석을 한 단계 더 심화시켰다. 이 히브리어 단어는 또한 '강력한 추진력'을 의미할 수 있었다. 이것은 선지자가 언급한 것이 증기임을 밝히는 추가 증거였다. 그러나 노아의 독해에서 증기력은 미국의 증기력이지 영국의 증기력은 아닐 터였다. '에티오피아의 강 건너편에 자리 잡은 땅은 미국'이고 그 배는 유대인을 팔레스타인에 정착시키는 신성한 사명을 수행할 '미국의 증기선'이다.[86] '증기의 발견과 증기의 응용이 이 흥미로운 실험의 촉진을 크게 보조했음이 밝혀질 것이다.' 증기력은 미국 유대인을 '며칠 안에 예루살렘에' 데려다줄 것이다. '미국에서 팔레스타인으로 직접 이동할 수 있는 운송수단이 제공될 것이므로, 지금까지 상당히 등한시되었던 미국의 지중해 무

---

85 M. M. Noah, *Discourse on the Restoration of the Jews* (New York: Harper & Brothers, 1845), 10, 35-6.

86 Ibid., 47-48.

역 및 레반트 무역은 활기를 되찾을 것이다.'[87] 지금까지 아무런 경제활동이 일어나지 않았다는 기본 관점을 뒤집은 노아는 '지중해의 항구들이 바쁘게 움직이는 상업의 움직임으로 다시 한번 소란스러워질 것이다. 들판은 다시 한번 풍성한 결실을 거두게 될 것이다'[88]라며, 다음과 같은 미래를 고대했다.

> 헤브론, 사페드Safat, 티르Tyre, 베이루트, 야파, 지중해의 그 밖의 다른 항구들을 비롯하여 예루살렘을 둘러싸고 있는 지역 전체는 유대인 사업가로 채워질 것이다. 요르단강 유역은 북쪽에 자리 잡은 독일, 폴란드, 러시아에서 온 농업 전문가로 채워질 것이다. 상인들은 항구도시를 채울 것이고 예루살렘 성벽 안을 지휘하는 자리는 부유하고 경건한 우리 형제들이 차지할 것이다.[89]

예언들 가운데 일부는 실현되었다.

---

87 Ibid., 39.

88 Ibid., 35.

89 Ibid., 38.

일회성 사건이 아니라 구조의 문제

이 모든 것을 어떻게 이해해야 할까? 여기가 첫 번째 맞물림의 순간이다. 즉, 증기를 전쟁에 배치함으로써 증기의 세계화가 발화된 순간이자 시온주의 프로젝트가 착상된 순간이다. 그러나 이 두 가지가 완벽하게 동기화된 것은 아니었다. 아직까지 시온주의는 하나의 발상에 불과했다. 1840년 이후에도 팔레스타인에는 유대인 정착촌이 개척되지 않았다. 엄격하게 말해서 파머스턴 부부, 섀프츠베리, 처칠, 골러, 노아, 그 밖의 어느 누구의 발상도 성공하지 못했다. 그들은 무려 반세기나 시대를 앞서간 사람들이었다. 그러나 마침내 조직된 시온주의 운동은 1840년 이후 대영제국이 설계하고 이미 깔아 놓은 궤도에 안착할 수 있는 화차가 되었다. 비록 그것이 머릿속에 그려 놓은 상에 불과했다 하더라도, 본국metropole의 지배 계급은 팔레스타인에 자국의 위성 식민지를 건설할 논리를 이미 세워 놓은 상태였다. 1840년에 시온주의는 구체적인 형태를 갖추지 못했지만, 증기의 힘으로 이행되는 폭력은 구체적인 형태를 갖췄다. 이것을 통해 우리는 증기의 힘으로 이행되는 폭력이 역사의 인과관계에서 우선한다는 결론을 내릴 수 있다. 처음에 시온주의는 화석 제국이라는 토대 위에 세워진 상부구조에 자리 잡고 있었다.

나는 이것이 획기적인 발견이라고 자처하지 않는다. 이 이야기의 대강의 윤곽을 기존 역사 기록에서 찾아볼 수 있기 때문이다. 거기에는 이 시기에 대해 가장 최근까지 꾸준히 연구해 온 조너선 패리의 《약속의 땅: 대영제국과 오스만제국의 중동》이 포함된다. 패리는 영국이 증기라는 수단에 힘입어 이 지역으로 밀고 들어간 과정을 연대순으로 기록한다. 패리는 다음과 같이 기록한다. '1830년대부터 아랍 사람들을 위협한 증기력은 그들에게 영국이 지닌 힘의 진가를 각인시키는 데 귀중한 도움을 주었다.'[90] 레반트를 넘어선 지역에서는 특히 아랍 땅 두 곳, 즉 예멘과 이라크가 이 힘에 종속되었다. 1839년, 예멘의 항구도시 아덴이 점령되어 증기선에 석탄을 공급하는 항구로서 병합되었다. 1830년대 말, 유프라테스강에서는 증기력의 전달에 관한 다양한 실험이 착수되었다. 패리는 조심스럽게 덧붙였다. 1841년 영국

90　Jonathan Parry, *Promised Lands: The British and the Ottoman Middle East* (Princeton: Princeton University Press, 2022), 376.

이 주요 장애물을 극복하자 '이 지역에 대한 영국의 제해권을 인정하지 않을 수 없었다. 증기가 아랍 사람들을 개화시킬 수 있는지 여부는 장기적인 문제였다.'[91] 패리는 신사다운 태도로 차를 마시면서 역사를 기술하는 영국의 전통에 따라 연구하는 사람이었으므로, 그 결과를 끄집어내거나 그 윤곽을 따라가 보지 않는다. 또한 신중하게도 패리는 정치경제학을 의도적으로 무시하고 자본 축적의 동학이 중동으로의 확장을 추진한 과정을 보여주는 산더미 같은 증거를 외면한다. 여기서 나는 그 증거와 관련하여 지극히 조그마한 사례만 제공했을 뿐이다. 그렇지만 주의 깊은 독자라면 이 야기의 흐름을 이해할 수 있을 것이다.

페리는 다음과 같이 언급한다. '지금까지 영국이 중동에 대해 생각했던 것들 대부분이 1854년 무렵에 이미 제기되었던 것들이다.'[92] 우리는 이 언급을 보다 더 예리하게 다듬어 다음과 같이 언급할 수 있다. 지금까지 영국과 미국이 팔레스타인에 대해 생각했던 것들 대부분이 1844년 무렵에

91 Ibid., 143.

92 Ibid., 15.

이미 제기되었던 것들이다. 그리고 화석연료로 가동되는 최첨단 기계라는 수단에 힘입어 이 지역으로 침투하는 일은 지극한 기술적 우위에서 시작되었다. 이러한 종류의 예속은 오늘날까지 계속해서 유지될 터다. 즉, 1840년에 일어났던 일은 나폴레옹의 군사작전처럼 잠시 동안의 침입이 아니었다. 영국은 중동을 놓아 주지 않을 터였다. 영국은 중동의 보다 더 깊숙한 곳으로 이동하여 19세기의 마지막 10년 무렵에는 이집트를 점령하기에 이르렀다. 오스만제국을 굽어볼 만큼 높이 떠오른 영국은 팔레스타인의 식민화를 추진하기 시작했다. 그동안 영국이 수행한 일은 이 지배력을 미국과 공유하다가 미국에 넘겨준 일뿐이었다. 그러나 현재 예멘을 상대로 진행되는 폭격이 증언하는 것처럼, 그곳에서 영국의 지배력은 여전히 건재하다.

정신과 물질의 변증법에 대해서 몇 글자 더 적어 보는 것이 좋을 듯하다. 1840년 당시에는 실재와 환상으로 이루어진 이상한 나선spiral이 작동했다. 영국은 실제로 팔레스타인 도시 하나를 폐허로 만들었다. 그런 뒤 영국은 팔레스타인 전체를 (황량하게 버려져 사람이 살지 않는) 폐허로 이루어진 하나의 지형으로 상상하기 시작했다. 즉, 그 상상은 11월 3일 이후 아크레의 풍경이었을 것으로 여겨지는 모습을 다소 적절하게 묘사한 것임에는 틀림없는 것이지만, 그 모습을 [옮긴이: 팔레스타인 전체로 확장하는 것은] 상상 속에서나 가능할 법한 해석이었다. 이 나선의 다음 고리에서는 먼저 관념을 통해 그 땅을 비운 뒤, 실제로 그 땅을 비우는 작업이 뒤따랐다. '사람이 없는 땅'이라는 표현은 나크바를 위한 처방처럼 읽힌다. 언제나 개척자였던 영국은 팔레스타인 민족을 관념 속에서 제거하는 일에 착수했다. 기이하게도 이 시점에서 유대인은 여전히 팔레스타인 사람들과 대칭적인 위치를 차지하고 있었다. 즉, 이런 구상에서 유대인은 순전히 상상의 영역에서만 존재하는 등장인물로서 존재했던 것이다. 실제 유대인의 의사는 중요하지 않았다. 유대인은 자신이 사는 집을 포기하라고 팔레스타인 사람들에게 요구하지 않았다. 오히려 그 반대였다. 심지어 한 시온주의 학자는 다음과 같은 사실을 알아차렸다. "영국 유대인들은 '온전한' 영국인으로서의 지위를 위협할 가능성이 있는 것은 무엇이든" 반대했다. 자신들이 팔레스타인으로 돌아가기를 기다리고 있다는 투의 언급을 접한 영국 유대인이라면 아마 기겁했을 것이다.'[93] 시온주의는 제국의 것이었다. 그것은 나중에야 비로소 유대인의 것이 되었다.

물론, 당시 실제 유대인이 시온주의 프로젝트에 설득당했을 수 있고 실제 팔레스타인 사람들이 그들의 땅에서 지워졌을 수 있다. 이 장기지속이라는 맥락에서 볼 때 가자 지구에서 벌어지는 집단학살은 우연처럼 보이지 않는다. UN에 제출한 보고서에서 프란체스카 알바니스는 대담하게도 정착민 식민주의 연구 학파의 입장에 기대어 가자 지구에서 벌어지는 집단학살을 설명한다. 알바니스는 다음과 같이 기록했다. '이스라엘의 작전은 팔레스타인에서 진행하고 있는 정착민 식민주의 프로젝트에 필수적인 집단학살의 논리에 의해 추진된 것으로, 비극이 예정되어 있음을 알리는 신호였다.' 정착민 식민주의의 정점은 집단학살을 통한 절멸이다. 그리고 1948년부터 팔레스타인에서는 아랍 원주민을 쫓아내고 그들의 존재를 지워 버리는 일이 '유대인 국가'로서의 이스라엘을 형성하는 데 있어 불가피한 부분으로 자리매

---

93 Yoskowitz, 'British Zionistic', 45.

김해 왔다.[94] 물론 알바니스의 말은 옳다. 그러나 팔레스타인에서의 정착민 식민주의는 스스로의 힘으로 일어선 적이 없었고, 그럴 수도 없었다. 그리고 이 비극은 요세프 바이츠 Yosef Weitz 같은 인물들이 등장한 시기보다 더 이전에 이미 예정된 것이나 다름없었다. 팔레스타인 사람들은 이 집단학살이 벌어지기 183년 전에 이미 팔레스타인에서 비유적으로 쫓겨났다. 가끔 중단되기도 하고 하는 둥 마는 둥 한 적도 있었지만, 그 이후로도 계속해서 그 작전은 이행되고 확대되어 왔다. 알바니스가 집단학살을 꾀하고 있다는 증거로 제시한 이스라엘 점령군 대통령 이츠하크 헤르초그의 발언을 따져 보자. 2023년 10월과 11월에 헤르초그는 식민 당국이 "근대 세계에서 존재해서는 안 되는 야만주의"에 맞서 "모든 문명국…과 민족"을 대신하여 싸우고 있다고 단언했다. 그로써 "악을 뿌리 뽑을 것이고, 이 지역 전체와 세계에 이익이 될 것입니다."[95] 헤르초그의 이러한 발언은 그가 1840년의 영국 시온주의자들을 대신하여 발언한다고 해도

---

94 Albanese, 'Report of the Special', 2.

95 ibid., 14에서 인용.

과언이 아닐 정도이다.

정착민 식민주의 연구 학파의 좌우명을 표현을 약간 바꿔보면, 시온주의 식민 당국에 대한 제국의 지원은 '일회성 사건이 아니라 구조의 문제다'라고도 말할 수 있을 것이다. 그 구조는 화석연료로 무장한 사람들에게 부여된 비상한 힘에 의해 구축되었고 계속해서 그러한 방식으로 기능해 왔다. 이 점에 대해 간단하게 설명하기 전에 먼저 1840년과 관련하여 짚고 넘어가야 할 마지막 한 가지는, 바로 여기서 내가 제시한 설명이 개략적이고 부분적이라는 점이다. 가장 큰 문제는 내가 제시한 설명이 영어로 쓰인 자료에 전적으로 의존한다는 것이다. 나는 아랍어를 읽지 못하기 때문에 1840년에 일어난 사건들에 대한 아랍어 역사 기록이 존재하는지의 여부에 대해서조차 말할 입장이 못 된다. 패리 역시 아랍어를 읽지 못하지만, 다음과 같이 전한다. '영어 이외의 언어로 쓰인 다수의 기록이 존재하지만 누구도 그것들을 완벽하게 활용하지는 못했던 것으로 보인다.'[96] 1840년 이후, 1840년의 사건들에 대해 아랍어로 기록한 자료가 존

---

96 Parry, *Promised Lands*, 13.

재하든 하지 않든 그리고 증기력 및 시온주의라는 관념을 처음 대면한 일에 대해 그 자료들이 전하는 말이 무엇이든 관계없이, 영어로 쓰인 문헌에는 그 자료들의 흔적이 남아 있지 않다. 이 시기에 대한 심층 연구를 시작하기 위해서는 본국metropole 외부에서 자료들을 파헤쳐 보아야 할 것이다.

이중 파괴의 단계들

이제부터는 그 이후에 일어난 일에 대해 지극히 개괄적이고 포괄적으로 기술하겠다. 첫 번째 시온주의 식민지가 건설되었을 때 서구 언론은 흥분을 감추지 못했다. 1877년, 《내셔널 리포지토리》는 큰 찬사를 보냈다. '지금 팔레스타인으로 향하고 있는 유대인들은 진보라는 이 세기의 시대정신을 품고 있다. 머지않아 이 나라를 찾은 여행자들은 기적 소리와 덜커덕거리는 기계 소리를 들을 수 있을 것이다. 대대로 이어져 온 동양의 무심함과 무기력함 대신 분주하게 돌아다니는 사업가들을 사방에서 만날 수 있을 것이다.'[97] 대영제국이 팔레스타인을 점령하고 밸푸어 선언의 이행에 착수하던

---

97 'The Jews', *National Repository*, March 1877, 274.

시기의 화석연료는 석탄이 아니라 석유였다. 유망 매장지는 페르시아만Persian Gulf에 인접한 국가들에 위치해 있었다. 이라크에서 퍼 올린 원유를 요르단강 서안 지구 북부와 갈릴리를 거쳐 하이파에 자리 잡은 정제 공장으로 실어 나르는 파이프라인은 위임통치령Mandate[98]을 통해 팔레스타인을 위임통치한 영국이 추진한 산업 프로젝트의 중심이 되었다. 이 지역에 대한 통제권을 심화시켜 석유를 차지하려는 저의 외에는 이와 같은 위임통치령의 시행 이유를 이해할 길이 없다. 그리고 위임통치령은 석유를 이용해 팔레스타인 사람들의 땅을 유대인에게 재할당했다. 《더위의 역사Heat: A History》는 중동의 고온과 화석연료의 역사를 놀라울 정도로 풍성하게 기술한 책이다. 이 책의 저자 온 바라크On Barak는 무엇보다도 이슈브Yishuv[99]가 가장 근대적인 기술의 회로에 연계하는 방식으로 팔레스타인 사람들로부터 감귤류 생산을 억지로 빼앗

---

98 [옮긴이] 제1차 세계대전 이후 국제연맹이 영국, 프랑스, 일본 등에게 독일, 오스만제국의 식민지 및 여기에 준하는 영토에 대한 통치를 위임한 제도. 영국은 팔레스타인과 메소포타미아(오늘날의 이라크) 등을 위임통치했다.

99 [옮긴이] 1948년 이스라엘 국가 수립 이전 팔레스타인에 정착한 유대인 공동체.

은 과정을 보여준다. 이슈브는 화석연료로 가동되는 펌프를 이용하여 자신의 과수원에 물을 대고, 수확한 과일을 대형 트럭에 실어 항구로 운반하며, 증기선에 하역해 유럽 시장으로 보냈다. 즉, 이슈브는 화석 제국과 공생함으로써 그 지역에서 나고 자란 사람을 그 지역을 상징하는 감귤류 농업에서 쫓아낼 수 있었다. 위임통치 당국들은 식민지들을 잇는 도로 건설을 계획적으로 우대했다. 석유를 기반으로 하는 사회기반시설로 인해 팔레스타인은 해안 평야 지대에 자리 잡은 정착촌 방향으로, 더 나아가 대양의 반대편에 자리 잡은 그들의 후원자들에게로 기울게 되었다.

시온주의자 군대로 인해 하이파에 살던 팔레스타인 사람들이 공포에 질려 그 도시에서 쫓겨나는 광경을 일란 파페는 다음과 같이 기록했다. '불이 붙은 석유와 연료가 마치 강처럼 산비탈을 타고 흘러내려[왔다].'[100] 미 제국의 고위급 인사들이 나크바 동안 시온주의자들과 운명을 같이할 것인지를 논의하는 동안, 그들이 가장 중요하게 염두에 둔 것은 석유 이권이었다. 일각에서는 아랍 사람들의 편을 드는 것이 더

---

100 Ilan Pappe, *The Ethnic Cleansing of Palestine*, 93[국역:《팔레스타인 종족 청소: 이스라엘의 탄생과 팔레스타인의 눈물》, 유강은 옮김, 교유서가, 2024].

나을 수 있다고 주장했다. 그러나 아이린 L. 겐지어가 《지우고 싶은 기억: 석유, 권력, 팔레스타인 그리고 미국 중동 정책의 토대》에서 설명한 것처럼, 미국 정부를 지배한 것은 다음과 같은 논거, 즉 팔레스타인 사람들이 승리하면 '아랍의 자립, 그들의 요구, 그들의 협상력이 높아지는' 반면 이스라엘 국가가 건설되면 '아랍 사람들을 진정시켜 그들에게 올바른 균형 감각을 되찾아줄 것'이라는 논거와 나아가 '이슈브가 서구식 진보를 따름으로서 중동의 사회 진보를 크게 자극해 새로운 상업 시장을 열어젖힐 것'이라는 논거였다.[101] 이스라엘을 이 지역의 동맹으로 삼으면 매장지에 대한 통제를 간접적으로 강화하는 효과를 볼 수 있을 것이라고 미국 석유 회사들이 의견을 모은 것처럼 보인다. 일곱 자매 Seven Sisters[102]와 페르시아만 석유의 황금기였던 1950년대와 1960년대에는 정말 그런 일이 벌어졌다. 1967년 이후 이스라엘

---

101 Eliahu Epstein quoted in Irene L. Gendzier, *Dying to Forget: Oil, Power, Palestine, and the Foundations of US Policy in the Middle East* (New York: Columbia University Press, 2015), 105.

102 [옮긴이] 1940년대 중반부터 1970년대까지 세계 석유 산업을 지배한 7개 석유 회사를 지칭하는 표현.

에 대한 최고의 후원자 역할을 넘겨받은 미국의 가장 큰 관심사는 이 상황을 그대로 유지하는 것이었다. 《전 세계적 공세: 미국, 팔레스타인해방기구 그리고 탈냉전 질서 만들기》에서 폴 토머스 체임벌린은 미국이 팔레스타인의 해방을 귀중한 석유가 매장되어 있는 중동 전체를 지배하는 데 얼마나 큰 위협으로 간주했는지 묘사한다. 반대로 '이스라엘은 중동의 핵심적인 전략적 자산으로서 그리고 이 제3세계 지역의 모범적인 경찰로서 자신의 가치를 지체 없이 입증하고 있었다.'[103] 이 논리는 검은 9월 Black September[104]로 알려진 사건(계속해서 반복되는 사건 중 하나)을 통해 증명된다. 1970년 9월 22일, 야세르 아라파트는 서한을 통해 이 사건을 다음과 같이 묘사했다. '[옮긴이: 요르단의 수도] 암만에서 꼬박 6일 동안 포성이 이어지고 있습니다. … 우리 동포 수천 명이 주검이 되어 건물 잔해 아래에서 썩어 가고 있습니다.'[105]

---

103 Paul Thomas Chamberlin, *The Global Offensive: The United States, the Palestine Liberation Organization, and the Making of the Post–Cold War Order* (Oxford: Oxford University Press, 2015), 138.

104 [옮긴이] 1970년 9월, 팔레스타인해방기구 및 시리아와 요르단 사이에 벌어진 전쟁.

105 ibid., 125에서 인용.

이 모든 것이 1840년에 처음 수립된 각본에 따른 것이라는 점이 이제 분명해졌을 것이다. 달레트 계획이 1948년 이후 진행된 팔레스타인 파괴를 위한 정착민 식민주의 각본이라면, 그전에는 중심부의 이익을 보호하기 위해 팔레스타인 땅에 식민 당국을 강제로 도입하려는 제국주의의 전망(달레트 계획의 존재 조건)이 있었다. 여기서 중심부의 이익이란 원자재와 시장에 대한 접근, 체제 전복 프로젝트 차단, 보다 더 먼 곳에 자리 잡은 경쟁자를 견제하기 위한 완충지대와 균형추 확보를 말한다. 구체적으로는 1840년의 경우 면화, 메흐메트 알리, 러시아 제국이었고 점령이 완성된 127년 뒤에는 석유, 제3세계 해방운동, 소비에트 연방이었다. 여기서 우리가 다루고 있는 것은 한두 가지 사건이 아니라 지극히 깊은 심층 구조이다. 이 구조는 19세기 초에 처음 발전한 패턴을 악화 및 심화시키면서 2세기에 걸쳐 서서히 고조 및 확대되었다. [옮긴이: 그 구조의 발전 과정이] 지구 온난화의 시간적 형태 그 자체라는 것은 우연이 아니다. 마지막으로, 맞물림의 중추적인 순간을 세 가지 더, 매우 간단하고 피상적으로 지목하고자 한다. 1917년과 그 이후, 팔레스타인의 석유

자원을 수단으로 삼아 중동을 화석 자본의 기초로 변형시키는 작업의 일환으로 영국의 팔레스타인 점령이 이루어졌다. 1947년과 그 이후에는 그 질서가 완성되었고 1967년과 그 이후에는 그 질서를 지켜 냈다. 그럼으로써 서구가 새로운 시온주의 국가를 지원한다는 사실이 드러났다. 팔레스타인을 파괴해 온 단계들은 곧 지구를 파괴해 온 단계들이었다.

화석 이스라엘

시간을 건너 현재로 넘어왔을 때 가장 먼저 고려해 봐야 할 것은 현재 진행 중인 화석연료에 대한 미친 듯한 열광 가운데서 이스라엘 국가가 수행하고 있는 역할이다. 《오버슈트》에서 윔 카톤과 나는 2020년대로 접어든 후로 지금까지 화석연료 생산 확장이 가속화된 과정을 다소 상세하게 제시했다. 이 시기는 세계가 섭씨 1.5도 또는 섭씨 2도 이상의 온난화를 피하기 위해 화석연료 생산을 억제하고 그 정반대 방향(화석연료의 꾸준한 해체)으로 전환해야 하는 시기였다. 그러나 화석연료 생산은 계속해서 확장되었다. 최근 《가디언》의 보도에 따르면 기업과 국가 들은 계속해서 새로운 석유 및 가스 프로젝트의 규모를 키우는 데 앞장서고 있다.[106] 화석연료 생산의 확장을 이끄는 나라는 당연하게도 미국이다. 두 번째로 이름을 올린 나라는 최근 엑손모빌이 그 수역에서 화석연료가 풍부하게 매장된 장소를 발견한 가이아나다. 그리고 처음으로 이스라엘 국가가 직접 등장한다. 석유 및 가스를 채굴할 미개척 매장지 가운데 하나는 베이루트에서 아크레를 거쳐 가자 지구에 이르는 해안에 면해 있는 레반트 유역이다. 여기서 발견된 주요 가스전 가운데 두 곳(카리시Karish와 레비아탄Leviathan)은 레바논이 영유권을 주장하는 수역에 자리 잡고 있다. 서구는 이 분쟁에 대해서 어떻게 생각하고 있을까? 2015년에 독일은 이스라엘에 군함 네 척을 팔았다. 덕분에 이스라엘은 만일의 사태에 대비해 가스 채굴 플랫폼의 방어 수준을 높일 수 있었다.[107] 7년 뒤인 2022년, 우크라이나에서 전쟁이 일어나 가스 시장에 위기가 찾아오자, 이스라엘 국가는 처음으로 중요한 화석연료 수출국

---

106 Oliver Milman, 'Surge of New US-Led Oil and Gas Activity Threatens to Wreck Paris Climate Goals', *Guardian*, 28 March 2024.

107 'Israel and Germany Sign Deal for Ships to Guard Gas Rigs', *Times of Israel*, 11 May 2015.

으로 격상되어 그해 10월 가동을 시작한 레비아탄 가스전과 카리시 가스전에서 생산한 가스 및 원유를 독일과 그 밖의 다른 EU 회원국에 공급했다.[108] 2022년, 이스라엘은 이 부문에서 자신의 높은 위상을 확정 지었다.

1년 뒤, 알아크사 홍수 작전이 화석연료 확장에 찬물을 끼얹었다. 맑은 날에는 가자 지구 북부에서도 육안으로 볼 수 있는 타마르Tamar 가스 채굴 플랫폼이 이 작전으로 인해 직접적인 위협에 노출되었다. 로켓포의 공격 반경 안에 들어간 타마르 가스 채굴 플랫폼은 가동을 중단했다.[109] 타마르 가스전에 관련된 주요 기업은 셰브론이었다. 10월 9일, 《뉴욕 타임스》는 다음과 같이 보도했다.

> 지중해 동부가 에너지 중심지로서 주목받고 있는 가운데 일어난

---

108 Sarah El Safty and Ari Rabinovitch, 'EU, Israel and Egypt Sign Deal to Boost East Med Gas Exports to Europe', *Reuters*, 15 June 2022; *Times of Israel*, 'Israel Exports Crude Oil for First Time, with Shipment Heading for Europe', 16 February 2023; Steven Scheer, 'Energean Starts Gas Production at Israel's Karish Site', *Reuters*, 26 October 2022.

109 Anna Cooban and Matt Egan, 'Israel Just Shut a Gas Field Near Gaza. Here's Why That Matters', CNN, 10 October 2023.

치열한 싸움으로 인해 이 지역의 에너지에 대한 투자 속도가 느려질 수 있다. 이스라엘은 중요한 석유 자원이 발견되지 않은 중동에서 몇 안 되는 국가 가운데 하나였지만 이제는 천연가스가 이 나라 경제에 주축이 되었다.[110]

팔레스타인 저항 세력은 이 등식을 뒤집을 수 있었다. 그러나 10월 7일로부터 5주가 지나 가자 지구 북부 대부분이 손쉽게 건물 잔해 더미로 변해 버리자 셰브론은 타마르 가스전 가동을 재개했다.[111] 2024년 2월에 셰브론은 생산량을 더욱 증대하기 위한 추가 투자 계획을 발표했다.[112] 10월 말, 구체적으로는 이스라엘 지상군이 가자 지구를 침공한 다음 날, 이스라엘 국가는 **새로운** 가스전 탐사를 위한 12개의 라이선스를 발행했다. 이 라이선스를 받은 기업 가운데 하

---

110 Stanley Reed, 'Chevron Shuts Down Natural Gas Platform Near Gaza Strip', *New York Times*, 9 October 2023.

111 Ron Bousso and Sabrina Valle, 'Chevron Resumes Natural Gas Supply from Israel's Tamar Off shore Field', *Reuters*, 13 November 2023.

112 Sharon Wrobel, 'Chevron Partners Greenlight $24m Investment to Boost Gas Production at Off shore Site', *Times of Israel*, 18 February 2024.

나는 중동에서 최초로 석유를 발견한 기업이자 키르쿠크 Kirkuk-하이파 파이프라인을 건설한 BP였다.[113]

그러나 되먹임 고리는 이제 양방향 모두로 흐른다. 최근 이스라엘 자본은 북해 North Sea에서 이루어지고 있는 석유 및 가스 생산 확장 관련 주요 기업이 되었다. 아크레 및 영국 북부 셰틀랜드 제도 Shetland Islands에서 채굴에 앞장서는 기업은 이스라엘 수도 텔아비브에 본사를 두고 있는 이타카 에너지 Ithaca Energy이다. 이타카 에너지는 캄보 Cambo 유전(북해의 영국 관할권 내에 심어져 있는 가장 파괴적인 탄소 폭탄 가운데 하나)을 소유하고 있고 로즈뱅크 Rosebank 유전의 5분의 1을 소유하고 있다. 그러고도 모자라 보다 더 많은 유전을 간절하게 탐사하고 있다.[114] 2022년 런던증권거래소에 상장된 이타카

---

113 Ari Rabinovitch and Steven Scheer, 'Israel Awards Gas Exploration Licenses to Eni, BP and Four Others', *Reuters*, 30 October 2023.

114 Kjell Kühne, Nils Bartsch, Ryan Driskell Tate et al., '"Carbon Bombs": Mapping Key Fossil Fuel Projects", *Energy Policy* (2022) 166: 1-10; Scott Zimmerman and Hanna Fralikhina, 'Hooked on Hydrocarbons: The UK's Risky Addiction to North Sea Oil and Gas', *Global Energy Monitor*, October 2022; 'Ithaca Energy Acquires Shell's Stake in UK Cambo Field', *Reuters*, 12 September 2023; Sarah Young, 'Britain Gives Go-Ahead for Biggest New North Sea Oilfield in Years', *Reuters*, 27 September 2023; 'Total Energies Hits Hydrocarbons at North Sea Appraisal Well', *Offshore Engineer*, 4 January 2023.

에너지는 그해의 최대 공모주였다.[115] BP는 팔레스타인 수역에서 가스 채굴을 기대하고 있고 이타카 에너지는 영국 수역에서 가스 채굴을 기대하고 있다. 그 어느 때보다 조화로운 이스라엘 국가가 그 어느 때보다 더 화석 자본의 원시적 축적에 보다 깊이 통합된 시기에 이렇게 집단학살이 펼쳐지고 있는 한편, 팔레스타인 사람들은 그 과정에서 아무런 지분도 가지지 못한다. 즉, 팔레스타인 사람들에게는 채굴 플랫폼도, 굴착 장치도, 파이프라인도, 런던증권거래소에 상장된 기업도 없다. 그러나 당연하게도 아랍에미리트 및 이집트의 아랍 사람들과 사우디아라비아는 그것들 모두를 가지고 있다. 석유 및 가스를 생산함으로써 수익을 얻는 과정에서 이스라엘 자본과 걸프 자본을 통합하는 것, 바로 이것이 아브라함 협약Abraham Accords과 그것이 유발할 것으로 예상되는 결과의 정치경제학이다. 처음에는 팔레스타인을, 다음에는 지구를 파괴하는 현상 유지를 신성화하는 것, 바로 이것이 정상화의 정치생태학이다.

---

115 'Ithaca Energy Set for London's Biggest IPO in 2022', *Reuters*, 2 November 2022.

가자 지구라는 내연기관

가자 지구는 탱크와 전투기가 그 땅에 포격과 폭격을 퍼부어 대면서 파괴되었다. 그러나 화석연료 내연기관의 폭발력이 정상 궤도에 오르지 못했다면 메르카바 전차와 F-16 전투기가 팔레스타인 사람들 머리 위에 지옥불을 선사할 수 없었을 것이고 로켓과 폭탄이 모든 것을 건물 잔해 더미로 바꿔 버리지 못했을 것이다. 이 모든 군용 차량은 석유를 태워서 움직인다. 상설 공수교空輪橋를 통해 미사일을 운반하는 미국발 보급 항공편인 보잉 항공기 역시 마찬가지다. 초기의 잠정적이고 보수적인 분석에 따르면 이 전쟁 초기 60일 동안 발생한 배출량이 탄소 배출 하위 20개국에서 33개국의 연간 배출량과 맞먹는 것으로 나타났는데, 이는 가자 지구의 잔해 위로 피어오른 이산화탄소 구름 기둥이 갑자기 급증한 탓이다.[116] 그렇게 된 이유는 그 순환이 자기발생적일 뿐 아니라 그 규모와 크기가 커져만 가기 때문이라는 점을

---

116 Benjamin Neimark, Patrick Bigger, Frederick Out-Larbi and Reuben Larbi, 'A Multitemporal Snapshot of Green-house Gas Emissions from the Israel-Gaza Conflict', Queen Mary University of London, 2024; Nina Lakhani, "Emissions from Israel's War in Gaza Have 'Immense' Effect on Climate Catastrophe", *Guardian*, 9 January 2024 참조.

다시 한번 강조하고 싶다. 즉, 서구의 군대는 오직 화석연료만이 제공할 수 있는 무한한 파괴력을 동원하여 팔레스타인 사람들의 거주지를 초토화하고 있다.

예나 지금이나 군사적 폭력이 현상 유지에 얼마나 중심적인 부분을 차지하고 있는지 잊어버리기 쉽다. 연간 이산화탄소 배출량의 5퍼센트 이상이 전 세계에 주둔하고 있는 군대로부터 배출된다. 우리는 비행이 기후에 얼마나 나쁜 영향을 미치는지에 대해서 이야기하곤 한다. 비행이 나쁜 것은 사실이지만 민간 항공이 전체 배출량에서 차지하는 비중은 약 3퍼센트에 불과하다. 한편 군대로부터 비롯되는 5퍼센트의 이산화탄소 배출은 실제 전쟁이 벌어지기 이전의 수치일 따름이다. 이러한 평시 배출은 병참 조직 및 전쟁에 투입되기 전에 군대의 전력을 유지하는 과정에서 발생한다. 군대가 전투에 투입되면 연료가 점화되고 폭탄이 쏟아지는 가운데 이산화탄소 배출이 집중적으로 솟구친다. 당연하게도 이 모든 것의 중심에 미국이 자리 잡고 있다. 가자 지구와 전쟁을 수행하는 동안 이스라엘 점령군이 배출한 이산화탄소 배출량은 미국의 또 다른 배출 범주로 간주될 수 있을 것이다.

미국은 다른 모든 나라를 능가한다. 사실, 네타 C. 크로퍼드가 언급한 것처럼 '미군은 단일 조직 가운데 세계에서 가장 큰 화석연료 사용 조직이다. 따라서 세계에서 가장 큰 온실가스 배출 조직이다.'[117] 저서 《펜타곤, 기후변화, 전쟁》에서 크로퍼드는 자신이 '깊은 순환the deep cycle'이라고 부른 것의 발전 과정을 일목요연하게 정리한다. 석탄 그리고 다음으로는 석유가 전쟁을 수행하는 데 반드시 필요하다는 점을 처음 알아차린 것은 영국군이었고, 미군이 그 뒤를 이었다. 석탄과 석유는 무기 제조에, 전쟁터로 군인을 수송하는 데, 일단 점령한 곳에 이동수단을 제공하는 데, 적에게 화력을 집중시키는 데 꼭 필요한 것이다. 화석연료를 바탕으로 작전을 수행함으로써 미군은 화석연료가 미국 경제 전반으로 확산되는 데 기여했다. 미군과 미국 경제 모두가 화석연료에 철저하게 의존하게 되면서 이 필수적인 상품을 보호하는 일 자체가 전쟁의 책무가 되었다. 이 순환은 세계 어느 지역보다 특히 중동을 더 깊이 형성했고 그곳에 깊은 생채기를 남겼다. 팔레스타인이 가장 큰 피해를 입었다고는 하지만 이라크와 예멘만

---

117 Neta C. Crawford, *The Pentagon, Climate Change, and War: Charting the Rise and Fall of US Military Emissions* (Cambridge, MA: MIT Press, 2022), 7-8.

떠올려 보더라도 이러한 파괴가 팔레스타인을 넘어 다른 나라로 확장된다는 것을 분명하게 알 수 있다.

[이스라엘] 로비설에 대란 반론

이제 [옮긴이: 미국과 이스라엘] 동맹의 본질에 대한 문제를 재고찰하고 이스라엘 로비설을 간단하게 재고해 보려고 한다. 요컨대 이스라엘 로비설이란 다음과 같다. 미국에서 시온주의자들이 벌이는 로비는 재정, 선거, 미디어에 영향을 미칠 만큼 막강한 권력을 축적하여 미국 정치를 철권으로 장악하고 있다. 이스라엘에 대한 지지가 실제로도, 합리적으로도, 물질적으로도 미국에 이익이 되지 않음에도 불구하고, 이스라엘 로비 활동은 모략과 조작을 통해 이스라엘에 대한 미국의 지지를 받아 내 왔다. 미국은 국내 정치적인 이유로 이스라엘을 후원하고 있지만, 그것은 국제 무대에서 미국의 선택과 위상을 왜곡한다. 당연하게도, 이스라엘 로비설은 미군 출신이자 이른바 현실주의자로 좌파와는 이데올로기적으로 아무런 접점이 없는 존 미어샤이머의 저술을 기반으로 한다. 나는 좌파 일각에서 미어샤이머의 저술을 열성적으로 수용하는 것을 보고 적잖이 놀랐다. 지면 한계상 미어샤이머든 미어샤이머에 대한 좌파의 반향이든 전체적으로 조목조목 비판할 수는 없을 듯하기에, 여기서는 오직 이스라엘 로비설에 대한 대표적인 해석 한 가지와 관련된 몇 가지 문제에 대해서만 짚고 넘어가고자 한다.

널리 읽힌 가다 카르미의 저서 《다른 남자와의 결혼: 팔레스타인에서 이스라엘의 딜레마》에는 21세기 초 팔레스타인의 상황에 대한 평균적인 진술이 담겨 있다. 카르미는 팔레스타인 사람들에게 미국과 이스라엘 동맹의 본질을 이해하는 것이란 '지적인 문제가 아니라 생사를 가르는 문제'라고 올바르게 논평한다.[118] 카르미는 두 가지 양자택일적 설명을 제시한다. '미국의 정책이 이스라엘 및 이스라엘 지지자들에게 통제당하고 있다면 무엇보다 그것을 좌우하는 이들은 이스라엘 및 이스라엘 지지자들인가? 아니면 중동에서 미국(과 서구)의 제국주의적 도구에 불과한 이스라엘인가?' 그런 뒤에 그는 전자[옮긴이: 이스라엘 및 이스라엘 지지자들]

---

118 Ghada Karmi, *Married to Another Man: Israel's Dilemma in Palestine* (London: Pluto, 2007), 84.

의 손을 확고하게 들어 준다.[119] 카르미는 미디어와 할리우드 영화에서 유대인에 대해 쏟아내는 불분명한 불평을 근거로 이 나라[옮긴이: 미국]가 '미국의 체계에 침투한 외세'에 의해 희생되었다고 결론 내린다. 이런 방식으로 이스라엘 로비설에 대한 전형적인 가정법적 진술이 구성된다. '만일 합리적이고 실용적이며 상식적인 상황이었다면, 그래서 사실들을 검토하여 논리적인 결론을 도출할 수 있었다면, 궁극적으로 미국의 국익이 이스라엘의 입장을 대변하는 세력을 압도할 수 있었을 것이다.'[120]

미국이 이스라엘을 내칠 수 있으려면 자국 이익에 가장 부합할 정책을 자유롭게 선택할 수 있어야만 한다. 그러나 시온주의자들의 로비로 인해 미국은 그러한 자유를 누리지 못한다는 것이다. 이 비틀린 설명은 팔레스타인뿐 아니라 그 지역 전체에 적용된다. 즉, 미국이 중동에서 수행하는 모든 일은 미국의 진정한 이익에 반하는 이스라엘에 의해 좌우된다. 우리는 '이라크 침공의 진정한 동기'가 미국에게 강

---

119 Ibid., 91.

120 Ibid., 103.

요된 '유대인 국가를 보호하려는 열망'이었다는 것을 알게 되었다. 이라크에는 대량살상무기도, 알카에다도, 테러리즘도 없었다. 즉, '그 밖의 다른 동기를 찾을 수 없었으므로, 이라크 공격의 동기는 이스라엘의 안보였음이 틀림없다'는 식이다. 이것은 이중으로 불합리한 결론이다. 이러한 공식적인 개전의 명분이 존재하지 않았다고 해서 이스라엘의 안보가 진정한 이유였다고 단정할 수는 없다. 반대로 이러한 공식적인 개전의 명분이 존재하지 않았다는 것을 통해 사담 후세인이 이스라엘의 안보에 위협이 되지 않았다는 결론을 내릴 수 있다. 카르미는 우리가 다음과 같이 생각하기를 바란다. 즉, 이스라엘은 이라크의 석유를 얻기 위해 나서면서 이라크에 기업가, 자문가, 정보요원을 파견했다. 반면, 이러한 적극적인 욕구가 전혀 없었던 미국은 이스라엘의 로비 활동에 떠밀려 수동적으로 전쟁에 끌려 들어갔다. 다시 말해, 카르미는 우리에게 역사상 가장 강력한 제국이 중동에 전혀 관심이 없기 때문에 중동을 침략하지 않는 것이라고 생각해 달라고 호소한다. 시리아와 이란에 대해서도 마찬가지다. 카르미는 미국이 시리아와 이란을 상대로 벌인 모든 일이 마치 노예처럼, 이스라엘을 대신해서 벌인 일일 따름이라고 말한다.

카르미는 역사를 진지하게 분석하지 않고 섀프츠베리 백작과 파머스턴 경을 지나가는 말로 언급한다. 그럼에도 불구하고 카르미는 자신의 설명이 연대기적으로 정확한 설명이 되기를 바란다. '이스라엘 [옮긴이: 국가가] 수립되고 이스라엘의 입장을 대변하는 막강한 로비가 이루어지면서 미국의 대외정책은 대대로 이스라엘을 편드는 방향으로 수립되게 되었다.' 즉, 카르미는 '이스라엘과 시온주의 로비가 먼저 등장했고, 제국은 그들에게 복종할 수밖에 없었다'[121]라고 설명한다. 내 생각에, 설령 내가 여기서 제시한 증거가 제한적이었다고 하더라도, 이스라엘 로비설을 논박하기에 충분하다는 결론을 내리는 데 전혀 지장이 없을 것 같다. 역사적 증거가 정반대의 설명이 타당함을 가리키기 때문이다. 다음과 같은 언급을 통해 사이드 하산 나스랄라가 이 점을 올바르게 이해하고 있음을 알 수 있다.

---

121 Ibid., 97-98.

아랍 세계에는 이스라엘과 미국의 관계에 대한 오해가 만연해 있다. 우리는 시온주의 로비에 관한 거짓말, 즉 유대인이 미국을 지배한다는 둥 미국의 실제 의사결정자는 유대인이라는 둥 하는 거짓말을 계속해서 들어 왔다. 아니다. 미국 자체가 의사결정자이다. 미국에는 주요 기업들이 있다. 미국에는 석유 회사, 방위산업, 이른바 '기독교 시온주의'라는 삼위일체가 있다. 의사결정은 이 동맹의 손에 달려 있다. 이스라엘은 영국이 손에 쥐고 흔들었던 도구였고 이제는 미국이 손에 쥐고 흔드는 도구가 되었다.[122]

당연하게도 이것은 아랍 좌파가 채택한 고전적인 입장이자 팔레스타인 저항 세력이 도출한 가장 날카로운 분석이다. 1969년부터 팔레스타인해방인민전선Popular Front for the Liberation of Palestine, 이하 PFLP의 기본 문서로 자리 잡은 《팔레스타인 해방 전략》은 글로벌 제국주의와 국지적 정착민 식민주의의 변증법적 통일을 적으로 규정했다. 국지적 정착민 식민주의의 승리는 글로벌 제국주의의 '이해관계에서 근본적인 문제'이다. 식민 당국은 '우리 땅에 세워진' 제국주의의 '기

---

122 Sayyed Hassan Nasrallah, Al Manar TV, 3 September 2012, 번역: 메므리Memri.

지'로서 '혁명의 물결을 저지하여 우리를 종속 상태에 머물게 하고 우리에 대한 약탈과 착취 과정을 유지하는 데 이용되고 있다.' 즉, 시온주의는 '제국주의와 결탁한 공격적인 민족 운동racial movement'이다. '제국주의는 풍부한 자원을 소유한 이 지역, 아프리카 국가들 및 아시아 국가들로 진출할 교두보를 제공하는 이 지역에서 … 유대인의 고통을 자신의 이익을 증진하기 위한 디딤돌로 삼아 왔다.'[123] 이런 주장들은 이스라엘 로비설과는 배치된다. 이 주장은 이슬람 지하드의 최고 저술들에서도 등장한다. 예를 들어 2018년의 정강 문서에는 다음과 같은 내용이 수록되어 있다. '시온주의 프로젝트는 정착민 식민주의 침공 프로젝트'이다. 그러나 그 바탕에는 "유대인을 말살하려 했고 팔레스타인에 유대인을 위한 식민 당국을 이식함으로써 유럽의 '유대인 문제'를 해결하려 한 서구 식민주의 세력과의 유기적인 결탁이 자리 잡고 있다." 식민 당국의 존속은 '근본적으로 식민 당국에 부여된 역할과 관련된다. 즉, 식민 당국은 식민 지배 프로젝트를 위한' '하나의 도구'이다(카르미에게는 미안하지만 [옮긴

---

[123] PFLP, *Strategy for the Liberation of Palestine* (Utrecht: Foreign Language Press, 2017), 34, 101, 102.

이: 식민 당국이] 하나의 도구이다). 그리고 식민 당국의 물질적이고 도덕적인 힘은 모두 서구, 특히 미국의 힘과 역량에서 비롯된다.'[124] 파티 알-샤카키는 이 분석의 개요를 다름 아닌 이즈 앗딘 알카삼Izz al-Din al-Qassam으로부터 가져왔다. 1930년대 초, 이즈 앗딘 알카삼은 '영국이 우리와 함께 유대인에 맞서도록 설득할 필요가 있다고 생각한' 팔레스타인 지도자들에 반발했다. '따라서 그들은 시온주의가 영국 제국주의의 또 다른 얼굴에 불과하다는 것을 망각하고 무시한 것이나 다름없다.'[125]

이스라엘 로비설이라는 비틀린 설명과는 다르게 제국이 식민 당국을 도구로 삼았다는 이론은 먼 과거뿐 아니라 가까운 과거 및 현재에서 비롯된 증거로부터도 확인된다. 즉, 조 바이든은 잡하Jabha 또는 지하드 관련 문서[126]의 견해와

---

124 'Political Document of Palestinian Islamic Jihad' in Erik Skare (ed.), *Palestinian Islamic Jihad: Islamist Writings on Resistance and Religion* (London: I. B. Tauris, 2021 [2018]), 31-32.

125 Fatih[옮긴이: 본문에는 Fathi로 되어 있다] al-Shiqaqi, 'The Palestinian Cause Is the Central Question of the Islamic Movement… Why?' in ibid. [1980], 77.

126 [옮긴이] 아랍어로 잡하는 전선front을 뜻하며 지하드는 성전을 뜻한다.

어긋나는 견해를 피력할 수 있었다. 1986년, 미래에 미국 대통령이 되는 바이든은 의회에서 다음과 같이 발언했다.

> 이스라엘과 관련해서는 사과하지 않겠습니다. 절대로요! 이스라엘은 우리가 30억 달러를 투자할 만한 최고의 투자처입니다. 이스라엘이 없었다면 미국은 이 지역에서 미국의 이익을 보호하기 위해 이스라엘을 **발명해내야** 했을 것입니다. 미국이 직접 나서서 이스라엘을 **발명해내야 할** 판이었다는 말입니다.[127]

이스라엘의 발명과 관련하여 이것보다 더 선명한 언급, 이것보다 더 역사적 기록에 부합하는 언급은 있을 수 없다. 2007년에 바이든은 재차 단언했다. "이스라엘은 미국이 중동에 보유하고 있는 단일한 세력 가운데 가장 강력한 세력입니다. … 그곳에 이스라엘이 없었다면 중동에서 미국이 어떤 환경에 처해 있을지 떠올려 보십시오." 2010년에도 바이든은 비슷한 말을 되풀이했다. "미국과 이스라엘은 한마음 한뜻

---

127 'Senate Session, 5 June 1986, Joe Biden: Were There Not an Israel the USA Would Have to Invent an Israel to Protect Her Interest in the Region' *C-Span*, 11 May 2021.

이나 다름없습니다." 그러나 바이든의 발언 가운데 가장 많이 되풀이된 발언은 이스라엘이 존재하지 않았다면 이스라엘을 발명해내야 했을 것이라는 발언이었다. 바이든이 이 발언을 다시 입에 올린 가장 최근의 사례는 2023년 7월, 백악관에서 이츠하크 헤르초그를 만난 자리였다.[128] 그리고 3개월 뒤 집단학살이 시작되었다.

좌파는 이스라엘 로비설을 단호하게 끊어 내야 한다. 이스라엘 로비설은 우리가 제국과 식민 당국의 관계를 제대로 이해하지 못하고 있음을 의미하는 것이기 때문이다. 오히려 정반대로 여기서 주목해야 할 것은 (예를 들면) 현재 그 구조가 어떻게 작동하는지와 관련하여 영어로 쓰인 훌륭한 책이 단 한 권도 **없다는** 것이다(만일 내가 틀렸다면 정정해 주기 바란다). 미 제국은 어디로 가고 있는가? 미 제국은 중동에서 무엇을 하고 있는가? 이스라엘 국가는 어떻게 끼어들

---

128 Yitzhak Benhorin, 'Biden in 2007 Interview: I Am a Zionist', *Ynet*, 23 July 2008; the White House, 'Remarks by Vice President Biden: The Enduring Partnership between the United States and Israel', 11 March 2010; the White House, 'Remarks by Vice President Joe Biden the 67th Annual Israeli Independence Day Celebration', 23 April 2015; M. Muhannad Ayyash, 'Biden Says That the U.S. Would Have to Invent an Israel if It Didn't Exist. Why?', *Conversation*, 25 July 2023.

게 되었나? 나는 우리가 이러한 질문에 경험적이고 이론적으로 대답할 수 있는 포괄적인 최신 근거들을 가지고 있다고 생각하지 않는다. 왜냐하면 그것에 대해 연구하고 숙고하는 고된 작업이 아직 이루어지지 않았기 때문이다. 미국과 그 밖의 다른 서구 제국주의의 정세를 정확히 짚어 내는 분석은 거의 없다시피 하다. 아마도 그것이 정통 레닌주의와 진영주의 및 그 밖의 다른 부끄러운 과거를 떠오르게 한다는 점에서 좌파에게는 다소 당황스러운 목표로 받아들여졌기 때문일 것이다. 나는 이 간극을 메울 만한 사람이 아니다. 다만 투자처로서 이스라엘의 주가가 러시아 및 중국의 도전에 비례하여 상승할 것이라는 가설만을 제안해 볼 따름이다. 1830년대 또는 1910년대와 마찬가지로 2020년대로 접어들면서 제국주의 간 경쟁이 다시 격화됨에 따라 식민 당국은 귀중한 자산이 된다. 알아크사 홍수 작전이 시작된 순간부터 선명했던 것은, 그날 세계를 뒤흔든 팔레스타인의 승리가 이어짐으로써 (가자 지구에서 시작된 저항으로부터 레바논과 예멘 및 이라크, 더 나아가 이란 그리고 더 나아가 러시아와 중국에서의 저항으로 확장되는) 그 축(객관적인 실체로서 모습을 드러낸 대항 동맹)을 부양할 수도 있겠다는 것이었다. 그렇지만 그 축은 서구의 동맹에 비해 훨씬 더 느슨하고, 덜 조직적이며, 덜 헌신적이고, 당연하게도 덜 강력하다는 점에 유의해야 한다.

마지막으로 이스라엘 로비설의 오류, 어쩌면 가장 명백할 것으로 보이는 오류를 하나 더 지적하고자 한다. 이스라엘 로비설은 가정법을 사용하여 미 제국이 합리적으로 숙고할 자유와 오직 자신의 이익만을 염려할 자유를 누릴 수 있는 상황을 상정한다. 그렇다면 미국은 이스라엘과 절연할 수 있을 것이다. 왜냐하면 [옮긴이: 미국이 자유의지에 따라 선택한다면] 이런 일을 어떻게 옹호할 수 있겠는가? 영원히 끝나지 않을 것 같은 팔레스타인의 식민지화처럼 매우 파괴적인 일, 즉 팔레스타인 땅 그리고 팔레스타인 너머 온 사방의 땅을 이토록 광범위하고 끝없이 파괴하는 일은 미국이 자신의 자유의지로 선택할 수 있는 일이 아니지 않을까? 여기에서 나타난 오류는 하나뿐이 아니다. 왜냐하면 그것은 제국 및 자본의 본질 그리고 이해관계 및 합리성의 본질과 관련되기 때문이다. 그러나 나는 오직 한 가지 측면에 대해서만 지적하려 한다. 영국으로부터 지도력을 넘겨받은 이후, 미국이 전 세계 화석연료 생산과 소비의 확장을 한결같이 이끌어 왔고, 화석연료의 파괴력이 명백할 뿐 아니라 나날이 증가하는 바로 그 시점에도 화석연료 생산과 소비의 확장을 가속화하고 있음을 생각해 보자. 그러면 요르단강과 지중해 사이에 자리 잡은 이 조그만 땅을 미국이 앞장서서 파괴하고 있다는 사실이 수수께끼처럼만은 보이지 않을 것이다. 그러면 우리가 화석연료를 사용하는 이유가 미국 내에서 이루어지는 강력한 화석연료 로비 때문이라고 진지하게 주장할 수 있는 사람은 아무도 없으리라고 생각한다. 당연하게도 미국 내 화석연료 로비는 강력하다. 그러나 로비는 표면적인 현상이다. 로비가 아무리 강력하다 하더라도 화석연료와 시온주의의 로비는 바로 장기지속이라는 관점에서 작동해 오던 심층 구조에서 병적으로 이상 증식한 생성물에 불과하다.

《팔레스타인 종족 청소》의 마지막 쪽에 일란 파페가 기록한 내용은 하나의 예언이 되었다.

팔레스타인은 절대로 시온주의 국가와 그 영역의 일부가 될 수 없다. 팔레스타인은 계속해서 싸울 것이다. 바라건대 그들의 투쟁이 평화로운 방식으로 성공하기를. 그렇지 않으면 그들은 복수심을 불태우면서 필사적인 투쟁을 하게 될 것이다. 그것은 마치 회오리바람처럼 모든 것을 집어삼킬 것이다. 끝없이 이어지는 모래폭풍은 아랍 세계 및 이슬람 세계 전역을 휩쓸 뿐 아니라 영국과 미국, 즉 각자의 차례가 되었을 때 우리 모두를 파괴하겠다고 으르렁거리는 폭풍우를 키워 낸 두 강대국마저 휘저을 것이다.[129]

이제 우리는 이 은유적 중첩이 우연이 아니라는 것을 인지할 수 있다. 왜냐하면 기후 붕괴가 바로 우리 모두를 파괴하겠다고 으르렁거리는 폭풍우이고, 강대국들은 오늘날까지 줄곧 그 폭풍우를 키우는 일에만 매진해 왔기 때문이다.

팔레스타인과 이 지구를 파괴한 것들을 파괴하라

이 이야기를 마무리하기 전에 현재 찾아볼 수 있는 몇 가지 추가적인 맞물림의 순간을 간결하게 제시하고자 한다. 팔레스타인의 파괴와 지구의 파괴는 공공연하게 벌어지

---

129 Pappe, *The Ethnic Cleansing of Palestine*, 261[국역: 《팔레스타인 종족 청소: 이스라엘의 탄생과 팔레스타인의 눈물》, 유강은 옮김, 교유서가, 2024].

고 있는 일이다. 이 두 가지 과정에 대해 기록한 문서는 차고 넘친다. 이 둘에 대한 지식과 그것들이 실시간으로 펼쳐지는 방식에 대한 지식 또한 남아도는 형편이다. 우리는 이 참사와 관련하여 우리가 알아야 할 필요가 있는 모든 것을 알고 있다. 그렇지만 자본주의 중심부는 불난 곳에 계속해서 연료를 공급하면서 가자 지구를 폭격하는 중이다.

파괴와 건설은 서로를 전제로, 관통하는 상반된 개념이다. 즉, 지구의 파괴는 곧 화석연료 기반시설의 건설이고, 팔레스타인의 파괴는 곧 민족 식민지racial colonies[130]의 건설이다. 1896년에 테오도르 헤르츨은 그것을 다음과 같이 언급했다. '만일 낡은 건물을 새로운 건물로 대체하고 싶다면 새로운 건물을 건설하기 전에 먼저 낡은 건물을 반드시 파괴해야만 한다.'[131] 그러므로 팔레스타인의 파괴와 이 지구의 파괴를 제한하고, 멈추고, 역전시키려면 화석연료 기반시설을 파괴하고 민족 식민지를 파괴해야 한다는 것이 이치에 맞을 것이다.

---

130 [옮긴이] 'racial'은 인종/인종적이라는 뜻이지만 글의 맥락에서 민족으로 옮겼을 때 더 뜻이 잘 통하여 민족으로 번역했다.

131 D. A. Jaber, 'Settler Colonialism and Ecocide: Case Study of Al-Khader, Palestine', *Settler Colonial Studies* (2019) 9: 135에서 인용.

화석연료 기반시설의 가동을 중단하고 다른 목적에 걸맞게 고칠 수 있다면 물리적인 파괴가 필요없겠지만, 그럴 수 없다면 화석연료 기반시설을 폐기, 즉 물리적으로 파괴해야 할 것이다.

화석연료 기반시설에 대한 투자를 반드시 끝장내야만 한다는 것, 사실 오래전에 끝장냈어야 한다는 점은 전적으로 분명하다. 그러나 우리는 보다 더 많은 파이프라인, 보다 더 많은 굴착 장비, 보다 더 많은 채굴 플랫폼 및 터미널, 보다 더 많은 광산 계획 및 건설에 직면하고 있다. 화석연료 기반시설들이 지금보다 더 많이 존재하게 될수록 배출 감축은 보다 더 어려워진다. 보다 더 많은 고정자본이 지면에 투하될수록 화석연료로부터 벗어나는 전환에 맞서 화석연료 기반시설들을 유지보수하고 방어할 책무는 보다 더 커진다. 민족 식민지에 대한 투자 역시 반드시 끝장내야만 한다는 것, 게다가 사실 오래전에 끝장냈어야 한다는 점은 전적으로 분명하다. 그러나 우리는 여전히 요르단강 서안 지구 및 예루살렘에서 지금보다 더 많은 정착촌, 그 어느 때보다 더 많은 정착촌 계획 및 건설에 직면하고 있다. 그리고 아마

곧 가자 지구에서도 다시 직면하게 될 것이다. 보다 더 많은 팔레스타인의 땅이 몰수될수록, 보다 더 많은 주거용 건물이 세워지고 유대인만을 위해서 제공된다. [옮긴이: 이스라엘] 그린 라인Green Line[132]으로 후퇴하는 모습을 그려 보기가 보다 더 어려워질수록 점령은 더욱 공고해지고, 독자적으로 생존할 수 있는 팔레스타인 국가를 위한 모든 계획에 맞서 점령지를 방어해야 할 이유는 보다 더 커진다.

물적 토대 수준에서 이루어진 이 유비는 (현상 유지 기간을 연장하고 강화하는 사실을 현장에서 그 어느 때보다 더 많이 창조해내면서) 상부구조 수준에 반영된다. 섭씨 1.5도 또는 섭씨 2도를 두고, 두 국가 해법을 두고, 서구 정부들 사이에서 오가는 대화가 계속해서 들려온다. 반면 현존하는 투자 과정은 끊임없이 작동하여 두 가지 목표 모두의 달성을 물

---

132 [옮긴이] 1948년 발발한 제1차 중동전쟁의 1949년 휴전 협정에서 설정한 이스라엘과 인접국(이집트, 요르단, 레바논, 시리아) 간 군사 분계선. 1967년 발발한 6일 전쟁의 결과로 이스라엘이 트란스요르단을 제외한 위임통치령 팔레스타인의 영토를 모두 점령한 이후, 군사 분계선으로서 그린 라인의 지위가 불분명해졌다. 오늘날에는 서안 지구(동예루살렘 포함)와 가자 지구, 즉 피점령지 팔레스타인과 이스라엘을 나누는 휴전 협정 경계선을 의미하는 용어로 사용된다.

리적으로 불가능하게 만들고 있다. 여기서 섭씨 2도 또는 두 국가 해법에 대한 대화는 이데올로기적인 눈속임의 성격을 띤다. 유엔기후변화협약 당사국총회와 '평화 프로세스'로 알려졌던 회담을 나란히 놓고 보면, 그 유사성에 매우 놀랄 것이다. 이 두 가지 모두 1990년대 초에 함께 시작되었다. 이 두 가지는 모두 착각(이른바 국제 공동체가 기후변화 완화를 위해 노력하고 있다는 착각과 팔레스타인 사람들이 고유한 국가를 수립하도록 지원하고 있다는 착각)을 지탱하는 기능을 수행해 왔다. 이 두 가지는 모두 동일한 외교적 허례허식을 통해 작동되었다. 이 두 가지는 모두 다 파괴를 위한 투자가 계속되고 있다는 사실을 은폐했다. 그리고 당연하게도 오늘날에는 둘 중 하나만 남아 있다. 그리고 올해(2024년) 말, 우리는 29번째 유엔기후변화협약 당사국총회COP29라는 서커스를 보면서 괴로워하게 될 것이다. 그 이전에 열렸던 당사국총회보다 의미와 내용 면에서 더 공허할 것이기 때문이다. 백악관 밖에서 악수할 일은 더 이상 없다. '평화 프로세스'는 이스라엘 국가가 가자 지구에 대한 점령 작전을 봉쇄 작전으로 변경한 2005년 종결되었다. 그 이후에 남은 것은 영원히 끝나지 않을 것 같은 노골적인 나크바뿐이었다. 이런 점에서도 역시 팔레스타인의 참사는 기후 참사를 개략적으로 드러내는 현상처럼 보인다.

부르주아의 냉담함에서 얻은 교훈

가자 지구에서 벌어지는 집단학살은 무감함에 대한 객관적인 교훈을 남겨 준다. 기후 참사 속에서 글로벌 남반구에서 생활하는 백인이 아닌 많은 이들의 목숨은 소중하게 여겨지지 않는다. 그 사람들은 가치가 없는 소모품이다. 우리는 데르나를 덮친 재난 속에서 이러한 현상을 목격했다. 1만 1천 명이 넘는 사람들이 단 하룻밤 사이에 목숨을 잃었다. 그러나 이 사건은 서구의 미디어에는 아주 작은 흔적만을 남겼을 뿐이고, 서구 정치에는 그 어떠한 흔적도 남기지 않았다. 만일 백인 미국인 또는 백인 영국인 또는 백인 스웨덴인 1만 1천 명이 하룻밤 사이에 목숨을 잃었다고 상상해 보라. 그 1만 1천 명이 정말 소중한 사람들이이라면, 그로 인해 얼마나 큰 소동이 벌어질지 상상해 보라. 그러나 데르나에서 목숨을 잃은 1만 1천 명은, 지중해와 대규모 사상자가 나오는 그 밖의 곳에서 언제나 그런 것처럼 그저 죽어 가고 있는 저주받은 사람들에 불과할 뿐이었다. 그들의 죽음은 자연질서의 일환으로 여겨졌기에, 1만 1천 명의 목숨을 앗아 간 원인이 대기 중에 과도하게 배출된 탄소 때문이고, 그 탄소가 글로벌 북반구의 부유한 사람들이 배출한 것이라는 사실에는 아무도 주목하지 않았다. 그 대신 서구 미디어는 그 책임을 리비아 사람들의 탓으로 돌렸다. 즉, 리비아 사람들이 그 강에 건설한 댐이 그토록 부실하지 않았다면, 데르나가 폭풍 다니엘의 압력을 견뎌 낼 수 있었을 것이라는 말이다.

팔레스타인 땅에서 팔레스타인 사람들의 목숨은 소중하게 여겨지지 않는다. 그들은 완벽한 소모품이다. 그들은 가치가 전혀 없는 사람들이다. 바로 이것이 우리가 지난 반년 동안 다시 한번 얻게 된 교훈이다. 이런 교훈이 그토록 지극히 잔인하게 표출된 적은 없었고, 피에 굶주린 절멸주의자들의 욕망이 지금처럼 적나라하게 표출된 적도 없었다. 만일 미국인이나 스웨덴인 또는 가장 확실하게 이스라엘 유대인 4만 명이 이와 같은 방식으로 목숨을 잃었다고 상상해 보라(아니 내 생각에 이런 일은 상상조차 할 수 없는 일이다). 이런 일은 정치적 상상력의 범위를 넘어서는 것이다. 이런 일은 우리가 알고 있는 세계에서 일어날 수 있는 어떠한 일도 뛰어넘는 일이다. 그 뒤 집단학살이 시작되었을 때, 팔레스타인 사람들의 죽음 역시 그들의 잘못 탓으로 돌려졌다. 즉, 이 대량학살은 팔레스타인 사람들이 병원에서 로켓포를 쏘았기 때문에, 그들이 민간인을 인간 방패로 삼았기 때문에, 그들이 학교 및 주거용 건물 안 또는 그 인근에 무기를 숨겨두었기 때문에, 그들이 10월 7일에 저지른 일 때문으로 돌려졌다.

집단학살은 온난화되어 가는 세계로 되돌아와 백인이 아닌 사람들의 목숨이 소모품이고 무가치하다는 것을 재확인한다. 그것은 현상 유지를 계속하기 위해 필요불가결한 또 다른 조건이다. 미국과 영국이 이러한 종류의 죽음을 필요한 것이라고 결정한 일은 엑손모빌과 BP에 매우 바람직한 일이다. 선진/후기 자본주의 집단학살은 빈민 학살용 탄약을 재장전한다.

최초의 기술 학살Technogenocide

팔레스타인 정착민 식민주의의 정치생태학과 시온주의에 내재되어 있는 파괴적인 경향과 관련해서는 할 이야기가 무궁무진하다. 감사하게도 현재 이와 관련한 많은 훌륭한 연구가 이루어지고 있다.[133] 수십 년에 걸쳐 정착민 식민주의 프로젝트가 진행되어 온 가자 지구에서 이루어지는 파괴는 이제 종말을 예고하는 규모에 이르렀다. 폭격에서 살아남은 사람들은 불모지에서 생활하고 있다. 이곳은 마실 수 있는 물이 없는 곳, 불발탄이 널려 있는 곳, 하수가 처리되지 않은 채 버려지는 곳, 쓰레기 매립지에 쓰레기가 넘쳐 나는 곳, 토양이 오염된 곳, 유독성 잔해가 흩어져 있는 곳, 과수원과 들판이 쓸모없는 땅으로 변해 버린 곳이다. 이토록 오염이 심한 땅에서 인간은 장기적인 생활을 이어 나갈 수 없다.[134] 여

---

133 특히 훌륭한 연구 사례로는 Matan Kaminer, 'The Agricultural Settlement of the Arabah and the Political Ecology of Zionism', *International Journal of Middle Eastern Studies* (2022) 54: 40-56을 참고하라.

134 보다 더 장기적인 관점에 관해서는 Shourideh C. Molavi, *Environmental Warfare in Gaza: Colonial Violence and New Landscapes of Resistance* (London: Pluto, 2024)를, 생태학살적인 전쟁에 관해서는 UNEP, 'Environmental Impact of the Conflict in Gaza: Preliminary Assessment of Environmental Impacts', 2024와

기서 생태 학살과 집단학살은 이전에는 볼 수 없었던 방식으로 융합된다. 1995년 이후에도 보스니아에서 1992년 이전과 마찬가지로 사람들이 살아가는 데는 문제가 없었다. 투치족 수십만 명이 학살당한 이후에도 르완다의 토양, 물, 공기는 비교적 멀쩡했다. 그러나 앞으로 가자 지구에서 사람들이 살아갈 수 있을까? 현재진행형인 집단학살의 이러한 차원은 10월 7일 아침에 일어난 사건의 본질과 관련된 또 다른 차원과 뒤섞인다.

제국과 식민 당국 모두가 알아크사 홍수 작전에서 가장 충격적으로 받아들인 부분은 저항 세력이 팔레스타인에 대한 모든 기술적 지배를 일거에 무력화한 방식이었다. 2세기에 걸쳐 구축한 무기의 장벽이 불과 몇 시간 만에 모두 무너졌다. 《예루살렘 포스트》는 통탄했다.

> 어떻게 일개 무장 테러 집단이 세계에서 가장 강력한 군대 가운데 하나로 손꼽히는 군대의 방어를 압도할 수 있다는 말인가? 이 질

Kaamil Ahmed, Damien Gayle and Aseel Mousa, "'Ecocide in Gaza': Does Scale of Environmental Destruction Amount to a War Crime?", *Guardian*, 29 March 2024를 참조하라.

문은 앞으로 오랫동안 제기될 질문이다. … 이 공격이 남긴 큰 충격은 그 밖의 다른 적들에 대한 이스라엘의 대항 능력에 물음표를 던진다. 10월 6일, 가장 뛰어난 기술로 무장한 국경 감시탑에서 군인들이 가자 지구를 감시하고 있었기 때문이다. 또한 이스라엘은 드론과 관측기구도 갖추고 있다. [그러나] 이스라엘이 갖추고 있는 이 모든 스마트 기술은 대규모 공격에 거의 무용지물이었다.[135]

또는 '극단주의와 기술에 관한 전 세계 네트워크' 소속 전문가 두 명은 다음과 같이 언급했다.

군사 및 국방 공학 프로그램을 선도하는 이스라엘이 수백만 달러를 투입한 방어 체계가 저강도 전쟁 기술에 고전을 면치 못했다. … 10월 7일의 공격은 열악한 기술을 가진 측이 우월한 장비를 갖춘 국가를 상대로 고도로 뛰어난 역량을 유감없이 발휘할 수 있음을 보여준다. … 고도의 방어 기술은 모든 것을 의미할 수 있지만, 자칫 무용지물로 전락할 수도 있다.[136]

---

135 Seth J. Frantzman, 'How Did Israel Fail to Stop Hamas' October 7 Attack?', *Jerusalem Post*, 13 October 2023.

136 Michele Groppi and Vasco da Cruz Amador, 'Technology and Its Pivotal

2023년 10월 7일 아침에 시작되어 기술적 우위를 한순간에 완벽하게 무력화한 사건의 중요성은 아무리 강조해도 지나치지 않다. 팔레스타인 역사에 전례가 없는 일이기 때문이다. 물론, 이즈 앗딘 알카삼의 시대로 거슬러 올라가는 게릴라 투쟁의 역사에서 이따금 적에게 소소한 패배를 안긴 적이 있기는 했지만, 저항 세력은 항상 비대칭성을 인지하고 있었다. PFLP가 작성한 《팔레스타인 해방 전략》에 따르면 '적의 기본적인 강점 가운데 하나는 과학적 및 기술적 우위이다. 이 우위는 우리가 혁명전쟁을 수행하면서 마주치게 될 적의 군사적 역량에 강력하게 반영되어 있다. 이 우위에 직면했을 때 그것을 극복할 수 있는 방법은 무엇인가?'[137] 알아크사 홍수 작전은 지금까지 이 질문에 대해 제시되었던 그 어떤 대답보다 큰 울림을 주는 대답을 내놓았다. 저항 세력이 제국과 식민 당국이 축적한 기술적 힘을 이토록 극도로 민첩하고 수월하며 완벽하게 쓸어 버린 적은 없었다. 팔레스타인 남부 전역에서, 이제 그 비대칭성은 뒤집어졌다.

Role in Hamas' Successful Attacks on Israel', *Global Network on Extremism and Technology*, 20 October 2023.

137　PFLP, *Strategy*, 95.

지금까지 팔레스타인에서 일어난 어떠한 봉기도 이번에 이룩한 성과에는 미치지 못했다. 흔히 비교되는 사건은 1973년 10월 전쟁(제4차 중동전쟁)에서 이루어진 기습 공격이지만, 그 기습 공격은 아랍 국가의 상비군이 수행한 것이었다. 10월 7일 아침 가자 지구 난민촌에서 시작된 팔레스타인 저항 세력의 공격은, 비록 1987년 12월에 가자 지구 난민촌에서 시작된 제1차 인티파다 이후로 기술적인 열세가 개선되었다고는 하지만, 여전히 기술적으로 절대적인 열세를 보이는 상황에서 시작된 것이다. 1987년 당시 팔레스타인 사람들의 수중에는 돌과 기껏해야 단검 몇 자루만 있었지만, (비록 그들이 상대하는 군대와 비교하면 여전히 아무것도 아니지만) 이제 그들에게는 로켓포, 대전차무기RPGs, 소총과 드론, 잊을 수 없는 패러글라이더가 있다.[138] 1840년 이후 수립된 그 공식이 처음으로 무너졌다. 팔레스타인 사람들은 자신을 지배하고 파괴하는 기술적 도구를 스스로 돌파했다.

반식민지 반란의 연대기에서 이와 유사한 사례, 즉 광범

---

138 그리고 덧붙여야 할 것은 팔레스타인 전투원들에게는 일부 키부츠와 일부 도로에서 목격되었던 대규모 파괴를 일으킬 수 있는 화력이 없었다는 것이다.

위하게 비대칭적인 상황에서 전세를 극적으로 역전시킨 사례를 찾기란 어려운 일이다. 일각에서는 그 사례로 베트남전에서의 구정 공세Tet Offensive를 꼽기도 하지만, 베트콩은 팔레스타인 저항 세력보다 훨씬 더 나은 장비를 갖춘 군대였다. 쿠바에서 케냐에 이르는 곳에서 게릴라 집단이 자원의 우위를 점하고 있던 적을 압도한 사례도 있지만, 그 우위는 10월 6일에 이스라엘이 점하고 있던 우위와는 비교도 되지 않는 것이었다. 알아크사 홍수 작전은 2세기에 걸쳐 구축된, 질적으로 우월한 복합적인 군사 기술을 무너뜨려 이스라엘에게 큰 치욕을 안겼다. 이스라엘 입장에서는 용납될 수 없는 일이었기 때문에 그 처벌은 끝이 없을 터였다. 10월 7일에 사망한 모든 이스라엘 사람들이 총을 소지하고 있었다면 이스라엘의 대응이 지금보다 덜 격렬했을 거라고 생각하는 사람들은, 이스라엘 국가의 본질을 잘 모르는 것이다. 2006년에 이곳에서 일어났던 사건이 그 가장 단순한 증거다. 군인 세 명이 살해당하고 두 명이 납치되자 이스라엘은 레바논을 파괴하기로 마음먹었다. 그러니 10월 7일 아침에 일어난 사건에 이스라엘이 어떻게 대응했겠는가? 그러나 그 타격은 비단 이스라엘에게만 미친 것이 아니었다. 미국은 중동에 주요 기지가 마치 거미줄처럼 깔려 있음에도 불구하고 저항이 일어났다는 사실을 용납할 수 없었다. 미국은 자신의 군사기관이 그토록 굴욕을 맛보는 것을 두고 볼 수 없었다. 이스라엘과 미국은 억지력 복원이라는 책무를 공유했다.

10월 7일 이후 이스라엘과 미국이 함께 수행한 조치들의 의미는 쉽게 해독된다. 일단 우리가 첫 번째 공격을 격퇴하고 나면, 우리는 무기고에 보관되어 있는 모든 파괴력을 전개할 것이다. 일단 우리가 너희들을 궤멸하고 나면, 우리의 기술을 복원하여 생명을 절멸할 완벽한 역량을 재가동해야만 한다. 우리 기술의 무력화를 무효화하는 유일한 방법은 우리의 전방위적인 지배를 요란하게 재천명하는 것이다. 팔레스타인 저항 세력이 10월 7일에 시도한 것처럼 너희가 감히 우리의 방어를 뚫으려고 한다면 우리는 너희들과 너희 국민을 제거할 것이라는 메시지가 팔레스타인 국경 너머 멀리까지 전파되었다. 이 메시지는 특히 레바논을 겨냥한 것이다. 찰스 네이피어가 알렉산드리아를 아크레처럼 만들어 버리겠다고 위협했던 것과 마찬가지로, 요아브 갈란트도 '우리는 가자 지구에서 수행한 일을 베이루트에서도 수행할 수 있다'라는 말을 반복했다.[139] 그러나 여기서 중요한 것은 어디서 어떤 종류의 체제 전복에 직면하더라도 미 제국과 그 동맹국의 위상을 지키는 것이다. 기술적 우위를 내보이고 수완을 마음껏 과시한다는 점에서 이 전쟁에는 공연적인 요소가 있다. 그렇기에 가정집이나 학교를 폭파하는 군인들이 흡족해 하는 모습을 영상에 담는 것이다.

어쩌면 이제 우리는 이 전쟁을 첫 번째 기술 학살이라고 명시할 수 있을 것이다. 다음 두 가지 경우에 기술 학살은 집단학살로 정의될 수 있다. 1) 최첨단 군사기술을 이용하여 실행되는 경우, 2) 저항 세력의 도전이 성공하여 굴욕을 맛본 뒤, 적어도 부분적으로 그 지배권을 복원하는 과정에서 실행되는 경우. 보스니아 이슬람교도 집단학살에는 대체로 권총이 사용되었다. 사라예보 공화국(보스니아 측)도 권총

---

[139] Yonah Jeremy Bob, 'Gallant Warns Hezbollah: Israel Can Do in Beirut What It Is Doing in Gaza', *Jerusalem Post*, 17 December 2023; *Times of Israel*, "Gallant Warns: If Hezbollah Isn't Deterred, Israel Can 'Copy-Paste' Gaza War to Beirut", 8 January 2024.

을 보유하고 있었지만 그 수가 많지 않았다. 르완다에서 벌어진 집단학살에서는 주로 마체테[140]가 동원되었다. 다에시Daesh[141]가 벌인 야지디족Yazidi 집단학살은 저강도 기술이 동원된 또 다른 집단학살이었다. 반면 쇼아는 고도의 기술이 동원된 집단학살의 전형적인 사례이지만, 유대인이 독일의 기술력을 약화시킨다는 이유로 일어난 것이 아니었다. 오직 가자 지구에서 현재진행형으로 이루어지는 집단학살만이 앞서 제시한 두 가지 기준을 모두 충족하는 것으로 보인다. 팔레스타인 사람들은 '이스라엘 살인 병기'에 대해 언급하곤 한다. 그리고 그것의 정확한 의미는 다음과 같다. 살인 병기 자체의 명성을 강화할 목적으로 사람을 살해하는 병기. '가스펠Gospel'이라고 불리는 인공지능AI 시스템이 최초로 폭로되고 나서야 우리가 알게 된 것처럼, 대량학살은 기계화되고 자동화된다. 가스펠은 민간인과 사회기반시설에 관련된 막대한 양의 데이터를 처리하여 이른바 고위급 목표물을 생성한 뒤 '질이 아니라 양을 강조하는 암살 공장'인 점령군에

---

140 [옮긴이] 날이 넓고 무거운 칼. 무기로도 쓰인다.

141 [옮긴이] 이슬람 국가Islamic State, IS.

게 제시한다. 점령군 내부의 정보원은 다음과 같이 말했다. "정말 공장 같습니다. 우리는 빠르게 작업해야 하기 때문에 목표물을 심도 있게 파악할 시간이 없습니다. 우리는 얼마나 많은 목표물을 생성할 수 있는지 여부에 따라 평가를 받습니다."[142] 이것이 바로 석유라는 근육과 알고리즘이라는 정신이 결합된 형태로 현재 운영 중인 살인 병기이다. 그 뒤 '라벤더Lavender'와 '아빠는 어디에Where's Daddy'라는 인공지능 시스템에 대한 두 번째 폭로가 이어졌다. 거기에는 수많은 민간인의 이름이 담긴 대량생산된 살인 목록이 첨부되어 있었다. 마치 점령군이 아무런 제약을 받지 않고 사람을 살해하기로 마음먹고 살해 병기 자체에 관리 감독을 위임한 것처럼 보였다.[143] 그 까닭은 고도의 기술을 동원하여 유지해 온 지배권이 10월 7일 아침에 일어난 사건으로 인해 의미를 상실한 탓에, 그 의미를 다시 되찾아와야 했기 때문이다.

---

142 Yuval Abraham, "'A Mass Assassination Factory': Inside Israel's Calculated Bombing of Gaza", *+972 Magazine*, 30 November 2023에서 인용.

143 Yuval Abraham, "'Lavender': The AI Machine Directing Israel's Bombing Spree in Gaza", *+972 Magazine*, 3 April 2024.

저항은 계속된다

그러나 팔레스타인 저항 세력은 여전히 굳건하다. 반년이 지난 지금도 저항 세력은 여전히 투쟁하고 있다. 반년, 6개월, 184일이 지난 지금도 저항 세력은 여전히 전방위에서, 그리고 당연하게도 가자 지구를 넘어 베이트 하눈Beit Hanoun에서 라파에 이르는 지역에서 맞서 싸우고 있다. 시간이 많이 흘렀지만, 알카삼 여단, 그 수장인 모하메드 데이프Mohammed Deif[144]와 그 대변인인 아부 오베이다Abu Obeida, 그들의 지하드 전우, 팔레스타인해방민주전선Democratic Front for the Liberation of Palestine, DFLP과 PFLP가 여전히 터널을 지키면서 여러 작전을 차례로 수행해 나가고 있다. 바로 이것이 또 다른 날을 살아갈 수 있게 하는 원동력이다. 나는 서구 학계에 몸담고 있으면서 지식과 아이디어를 생산한다. 학계는 불합리한 상황이 만연해 있다. 그곳에서는 이스라엘이 추구하는 집단학살의 정치를 무시 또는 묵인하거나 정당화 또는 찬양하더라도, 어떤 자격도 상실하지 않을 수 있고 체면이 구겨지지도 않는다. 반면 팔레스타인 저항 세력, 즉 현지에서 벌어지

---

144 [옮긴이] 2024년 7월 이스라엘군이 암살했다고 주장했고, 2025년 1월 하마스가 모하메드 데이프의 사망을 확인했다.

고 있는 집단학살에 대항하는 유일한 세력인 무장 저항 세력을 지지하는 일은 금지된다. 나는, 일개 개인에 불과하지만, 그런 일에 동조하지 않을 것이다. 나는 좌파가 스스로의 해방을 위해 싸우는 팔레스타인 사람들의 투쟁에 애매한 태도를 보이면서 그 투쟁을 선명하게 지지하지 못하는 것이야말로 서구의 진정한 불명예라고 생각한다. 이것은 또 다른 강연과 많은 글의 주제이다. 그렇지만 나는 우리가 크게 외쳐야 한다고 생각한다. 우리는 팔레스타인 저항 세력을 지지하고, 그들을 자랑스럽게 여긴다고.

부록

- 팔레스타인 저항 세력에 관한 몇몇 반론에 대한 재반론
- 이스라엘 로비설에 관한 몇몇 반론에 대한 재반론

홍수 이후: 안드레아스 말름에 대한 반론[1]

마탄 카미네르[2]

안드레아스 말름이 힘주어 설명했듯이 가자 지구의 파괴에 책임이 있는 세력은 기후 참사에 책임이 있는 세력과 동일한 세력이다. 그러나 현재 팔레스타인 사람들의 무장 저항을 이끄는 세력이 지구를 살아갈 만한 곳으로 만들고 지구를 공유하고자 하는 투쟁에 헌신하는 것은 아니다. 마탄 카미네르는 전 세계적 연대 운동이 팔레스타인 정치 세력의 다양성에 주목해야만 한다고 주장한다.

---

1 After the Flood: A response to Andreas Malm(versobooks.com/en-gb/blogs/news/on-palestinian-resistance-and-global-solidarity). 수록을 허락한 저자에게 감사드린다.

2 인류학자, 런던 퀸메리 대학교 강사. 이스라엘의 급진 좌파로 오랫동안 활동해 왔다. 저서 《자본주의 식민지: 이스라엘 농업에 종사하는 태국 이주노동자 Capitalist Colonial: Thai Migrant Workers in Israeli Agriculture》가 스탠퍼드대학출판부에서 최근 출간되었다.

지난 4월, 안드레아스 말름은 버소 블로그에 게시한 글[3]을 통해 지중해 동부의 역사를 효율적으로 둘러보면서 현재 가자 지구의 절멸에 책임이 있는 세력이 데르나의 파괴와 베이루트에 대한 반복되는 보복, 인간적으로 살아갈 수 있는 거주지여야 하는 지구에 대한 노략질에 책임이 있는 세력과 동일한 세력이라고 설명했다. 이 글을 통해서 말름은 이스라엘이 가자 지구 사람들에게 퍼붓는 업화業火에 대한 미국의 적극적인 참여와 미국의 국익 사이에 모순을 상정하려고 시도하는 '시온주의 로비설'이라는 화약고를 깔끔하게 날려버린다. 경제적·이데올로기적·지정학적 점들을 연결하면서 말름은 가자 지구와 서안 지구에서 현재진행형으로 벌어지고 있는 이스라엘의 범죄에 반대하는 일이 기후 참사가 최악으로 치닫지 못하도록 막으려는 필사적인 싸움 또는 워싱턴 DC에 근거지를 두고 있는 제국에 맞서는 원칙적인 투쟁과 분리되어서는 안 된다는 중대한 주장을 설득력 있게 펼친다.

그러나 이러한 세 가지 투쟁의 연합이 필요하다고 해서

---

[3] versobooks.com/en-gb/blogs/news/the-destruction-of-palestine-is-the-destruction-of-the-earth. 2024년 4월 8일에 버소 블로그에 게시되었고, 이 책 본문 23-149쪽의 내용은 이 블로그 글의 확장된 판본이다.

팔레스타인의 파괴에 대항하는 세력 모두가 지구를 함께 살아갈 만한 곳으로 만들고 지구를 공유하고자 하는 투쟁에서 반드시 지도적인 역할을 수행할 수 있을 만한 존재인 것은 아니다. 심지어 동반자가 될 가능성조차 없을 수도 있다. '시온주의 로비설'을 주장하는 사람들이 (양의 탈을 쓴 늑대[4] 무리 중 한 사람의 악명 높은 주장처럼) "만일 미국인들이" 자신들의 세금이 무엇을 위해 사용되고 있는지 "알았더라면", 모두 들고일어나 지중해에 배치된 양키의 전초기지에 계속해서 보조금을 지급하는 조치에 항의했을 거라고 그럴듯하게 꾸며 대며 편의적인 주장을 펼친다는 말름의 주장은 그럴듯하다. 그러나 '알아크사 홍수 작전'을 촉발한 세력이 문자 그대로 의미의 홍수, 즉 데르나에 범람했던 것처럼 가자 지구로도 범람할 수 있는 홍수를 안중에도 두지 않는다는 점을 짚어 내지 못했다는 것에서 미루어 볼 때, 말름 본인조차 상황의 심각성을 과소평가하고 있는 것은 아닐까?

글 서두에서 말름은 역사에 대해 논의하면서 많은 깨우침

---

4 "Jewish Voice for Peace Statement on Our Relationship with Alison Weir." jewishvoiceforpeace.org/2015/06/15/jewish-voice-for-peace-statement-on-our-relationship-with-alison-weir/

을 주는데, 그때는 이러한 실수를 저지르지 않는다. 말름은 19세기 초 지중해에 대한 영국의 패권에 도전한 오스만제국의 반골 총독이었던 메흐메트 알리가 대중이나 자연환경의 편에 서지 않았음을 분명히 한다. 영국이 증기 엔진과 노예를 부려 재배한 면화와 석탄 매장지를 등에 업고 군사적인 영역과 경제적인 영역 모두에서 발휘한 수완을 의식한 알리는 초기부터 인상에 깊이 남을 법한 무자비한 국가 주도 산업화를 시도하면서 레바논 농민을 광산으로 내몰았고 나일강 유역에서 생활하던 농민을 무장을 갖춘 면화 플랜테이션 및 섬유 공장으로 내몰았다. 이런 일들은 화석연료가 뒷받침하는 자본주의적 근대화에 대한 원칙적인 반대가 아니었지만 시온주의가 유럽 내 유대인 사이에 자리 잡기 수십 년 전에 이미 영국이 알리를 굴복시키고 성지[옮긴이: 팔레스타인]에 "작지만 충성스러운 유대인의 얼스터^{Ulster}[5]"를 구축할 계획을 수립하기 시작한 계기가 되었다.

메흐메트 알리의 통치는 어떤 현상의 첫 번째 사례 가운데 하나일 수 있다. 그 현상은, 그것을 이해하기 위해 노력할

---

5 [옮긴이] 아일랜드섬의 전통적인 네 지방 중 하나로 아일랜드보다 영국의 구성국인 북아일랜드에 속한 곳이 더 많은 지역.

기회가 좌파에게 여러 차례 주어졌음에도 결국 적절하게 이론화해내지 못한 현상, 즉 '반체제' 운동counter-systemic movements이다. 반체제 운동은 여성, 자연, 식민지[6]를 착취하는 자본주의에 대한 대안을 모색하지 않거나, 대안 모색을 포기한 상태에서 종속 계급들과 종속 국가들의 정당한 분노를 동원하여 전 세계 패권과 싸우는 운동이다. 그러한 사례는 알카에다에서 (일각에 따르면) 스탈린과 그 계승자들 치하의 소비에트 연방 자체에 이르기까지 쉽게 찾아볼 수 있다. 서구의 많은 지역에서는 팔레스타인에 대한 연대를 매카시즘적 방식으로 공격하면서 '하마스를 규탄'하라고 요구했다. 이러한 요구가 수행한 역할을 감안해 봤을 때, 팔레스타인의 저항권을 선명하게 지지하는 입장을 취해야겠다는 충동이 일어난 것은 이해할 만한 것일 뿐 아니라 좌파라면 누구나 쉽게 공감할 수 있는 것이다. 그러나 팔레스타인 정치 세력의 복잡성[7]을 은폐한 상태에서 이루어지는 분석은 그 투쟁에 지적으로 기여할 기회를 박탈당할 위험을 노정한다.

6 jstor.org/stable/43157768

7 Bashir Abu-Manneh, "The Palestinian Resistance Isn't a Monolith." jacobin.com/2024/04/gaza-left-hamas-occupation-war-solidarity

부록

말름은 제국의 대리인으로서 기능하는 시온주의의 역할을 명시한 이슬람 지하드(하마스의 하급 동반자로서 가자 지구를 통치하고 알아크사 홍수 작전을 감행했다) 문서의 명석한 분석을 인용한다. 말름은 [1988년 공표된] 악명 높은 하마스 헌장Hamas Covenant[8]에 명시된 유치한 반유대주의를 인용하지는 않는다. 아마도 2017년에 공표되어 하마스 헌장을 대체한 것으로 여겨지는 일반 원칙General Principles[9]이, 혁명적인 문서는 아니지만 훨씬 더 구미에 맞는 문서이기 때문일 것이다. 보다 더 큰 문제는 말름이 하마스가 반체제적 형식을 취하는 화석 자본주의에 공모하고 있다는 점을 등한시한다는 것이다. 자신의 경쟁자인 아브라함 동맹Abrahamic alliance[10]을 거울로 비춘 듯, 이 지역의 '저항의 축'에 지원되는 자금은 사실 이란이 석유로 거둬들인 이윤에서 비롯된다. 전 세계적 차원에서 '저항의 축'을 뒷받침하는 후원자로는 러시아와 더 먼 곳에 자리 잡은 중국을 꼽을 수 있는데, 러시아는 화석연

---

8 avalon.law.yale.edu/20th_century/hamas.asp

9 middleeasteye.net/news/hamas-2017-document-full

10 journals.sagepub.com/doi/10.1177/03058298231208446

료 채굴에 지독하게 공생하고 있으며 중국은 일방적인 수출 지향적 산업 생산에 토대를 둔 국가이다. 글로벌 남반구의 탄소 배출에 대한 글로벌 북반구의 순전히 위선적인 태도를 감안해 볼 때, 만일 지중해에서 새로운 화석연료가 개발된다면 팔레스타인 사람들에게 공정한 몫을 제공해야 한다는 요구는 분명 타당하다. 그럼에도 말름이 몇 년 동안 유려하게 주장해 온 것[11]처럼, 새로운 화석연료 개발을 완전히 멈출 필요가 있다. 헤즈볼라가 레바논과 이스라엘의 해상 국경을 따라 개발된 가스전들을 분할하는 거래를 승인[12]했던 것과 마찬가지로, 가자 지구의 통치자들도 기회만 주어진다면 지속 불가능한 채굴이라는 일확천금[13]을 얻고 있는 이웃 국가들의 행태에 동참할 것이다. 그렇게 하지 않으리라고 확신할 근거가 있을까? 마찬가지로, 지난 20년 넘게 이스라엘의 승인하에 카타르에서 이전된 엄청난 화석연료 자금이 선출된 지도자가 아닌 하마스의 가자 지구 통치를 안정화시키는

---

11 versobooks.com/en-gb/products/2649-how-to-blow-up-a-pipeline

12 carnegieendowment.org/sada/2023/01/hezbollahs-stance-on-the-maritime-deal?lang=en

13 aub.edu.lb/critical-development/news/Pages/East_Mediterranean_Natural_Gas.aspx

데 수행했던 역할을 어떻게 무시할 수 있겠는가?

이러한 것들에 대한 고려는 냉전 시대에 굳어진 "비판적 지지"[14]라는 좌파적 구조로 복귀하는 것이 가치가 있을 수도 있음을 시사한다. 일부 좌파의 언급에는 미안하지만,[15] (최대 무장투쟁에 대한 지지를 포함하는) 팔레스타인과의 연대가 해방이라는 미명하에 팔레스타인이 수행하는 모든 것에 대한 전면적인 승인을 의미할 필요는 없다. 말름은 하마스가 순수하게 이스라엘군이라는 목표에 집중했다 하더라도 10월 공격에 대해 이스라엘이 지금과 똑같이 잔인하게 반응했을 것이라고 주장한다. 그 주장이 맞을 것으로 생각되지만 당연하게도, 이를 확인할 방법은 없다. 그러나 도대체 왜 그것이 민간인을 목표물로 삼은 하마스의 결정을 평가하는 주요

---

14 marxists.org/archive/draper/1969/abc/abc.htm

15 내가 특히 염두에 두고 있는 언급은 (역시 버소 블로그에 게시된) "팔레스타인 좌파 조직 전체가 하마스를 지지한다"라는 조디 딘의 말이다(versobooks.com/en-gb/blogs/news/palestine-speaks-for-everyone). 이 잘못된 언급뿐 아니라 그 밖의 모든 조디 딘의 말이나 행동이 호바트와 윌리엄 스미스 칼리지Hobart and William Smith Colleges에서 가르치던 그가 정직당한 일을 정당화할 수는 없다는 것은 두말 하면 잔소리일 것이다. 그 밖의 다른 치명적인 영향 중에서도 조디 딘이 경험했던 종류의 매카시즘적 탄압은 좌파가 공개적이고 진지하게 토론을 해 나가는 데 특히 해롭다.

기준이 되어야 한다는 말인가? 오히려 우리는 이렇게 물어보아야 한다. 태국, 네팔, 탄자니아, 에리트레아, 수단 서부 다르푸르, 중국에서 이주해 온 사람들까지 수십 명을 처형하고 납치함으로써 하마스가 글로벌 남반구 대중에게 전달하려는 메시지는 무엇인가? 아동 살해와 노인 살해 및 강간을 부인, 축소, 양비론을 통해 암묵적으로 묵인하는 상황에서 팔레스타인 및 그 밖의 다른 곳의 여성과 청년이 얻은 교훈은 무엇인가?[16] 그리고 토요일[17] 아침, 피폐해진 스데롯과 오파킴Ofakim에서 벌어진 난동이 탈식민지 연합의 결정적인 구성 요소인 미즈라히 유대인Mizrahi-Jewish 노동자 계급을 이스라엘 극우의 품으로 더 깊이 몰아넣는 것 말고 어떤 영향을 미칠 수 있었을까? 만일 알아크사 홍수 작전이 미래의 반체제 반란의 모델이 된다면(분명 그렇게 될 가능성이 있고, 말름의 경우 그렇게 되어야 한다고 생각하는 것처럼 보인다), 그

---

16 여기서 다시 한번 말하지만, 책임감 있는 좌파가 보여야 할 반응은 하마스의 잔학 행위에 대한 거짓말과 과장이 증폭되고 있는 상황을 전면 부정하는 것이 아니라 진실에 대한 비판적인 조사에 다시 한번 헌신적으로 임하는 것일 테다.

17 알아크사 홍수 작전이 게시된 2023년 10월 7일.

것이 미 제국주의에 **반대하는** 운동뿐 아니라 반인종차별적, 해방주의적 생태사회주의의 확립을 **옹호하는** 운동을 구축할 가능성에 가지는 함의는 무엇일까?

마지막으로 "저항 세력", 즉 하마스"를 지지한다"라고 성급하게 선언함으로써 대안적인 방법을 주체적으로 모색해 나갈 팔레스타인 사람들의 선택권을 배제하는 것은 아닌지 지적하고 싶다. 나는 현재 하마스와 그들의 군사 전략이 인기를 누리고 있다는 것을 반박하지 않는다. 그들의 군사 전략이 팔레스타인 사람들 사이에서 완전히 보편적인 인기를 누리는 것은 아닐지라도, 인기를 누리는 것만큼은 틀림없는 사실이기 때문이다.[18] 하마스와 그들의 군사 전략은 모두 파타당Fatha이 주도하는 팔레스타인 자치정부가 방관하는 가운데 정착민 민병대와 이스라엘군이 자행한 조직적인 민족 청소 프로그램하에서 신음했던 서안 지구 사람들에게서 가장 큰 인기를 누리고 있는 것으로 보인다. 하마스로 인해 주민들이 상상할 수 없는 대가를 치르고 있는 가자 지구 자

---

18 달리 명시되지 않는 한, 팔레스타인 사람들의 여론에 대한 나의 주장의 출처는 팔레스타인 정책 및 설문조사 센터Palestinian Centre for Policy and Survey Research에서 2024년 3월 초에 수행한 여론조사 결과(pcpsr.org/en/node/969)다.

체에서는 하마스의 인기가 서안 지구보다는 떨어지지만, 그렇더라도 여전히 높은 수준이다. 게다가 알아크사 홍수 작전 이후 이스라엘 사회의 파시즘 경향이 가속화되면서 그동안 결연하게 이어 온 수무드sumoud[19] 투쟁을 훨씬 더 어렵게 이어가게 된 이스라엘 내의 200만 팔레스타인 시민들 사이에서는 그 인기가 가자 지구보다 더 낮다.[20] 그리고 이스라엘 정당 평화와 평등을 위한 민주전선Democratic Front for Peace and Equality(팔레스타인 사람들이 지배적인 이스라엘 최대 좌파 정당) 지도부 역시, 민간인을 목표물로 삼은 것에 대해 선명하게 비난했다. 무장 저항 세력 또는 10월 7일의 공격 일반에 대한 지지를 민간인에 대한 특수한 폭력에 대한 지지와 분리하여 조사하려고 시도한 여론조사를 아직 접하지 못했지만, 많은 팔레스타인 사람들이 그날 자행된 잔학 행위에 거부감을 느끼고 있다는 강력한 증거가 언론을 통해[21] 나오고 있다.

---

19 [옮긴이] 팔레스타인 시민들이 자신들의 땅에 머무르면서 버티는 일.

20 en.idi.org.il/articles/52016

21 haaretz.com/israel-news/2024-04-01/ty-article-magazine/.premium/people-are-cursing-sinwar-gazans-opposing-hamas-are-sure-theyre-the-majority/0000018e-9ada-dfd2-afce-deff025f0000

팔레스타인 사람들이 또 다른 방식을 갈망하고 있다는 것을 보여주는 한 정량적인 징후는 마르완 바르구티Marwan Barghouti의 마르지 않는 인기이다.[22] 10월 이전과 이후에 진행된 여론조사 모두에서 하마스 측 후보자들이 양자 대결 구도에서 팔레스타인 자치정부 마흐무드 압바스Mahmoud Abbas와 그의 대리인들을 손쉽게 물리쳤지만, 바르구티가 출마한다고 가정했을 경우에는 바르구티가 양측 모두에 압승을 거두는 결과가 나왔다. 물론 바르구티는 정치적 암호 같은 존재다. 20년 넘게 수감되어 사실상 연락이 두절된 상태이기 때문이다. 그러나 바르구티가 출마한다고 가정했을 때 바르구티를 지지한다는 것은 한편으로는 사람들이 무장투쟁의 정당성을 인정한다는 것을 시사하고 다른 한편으로는 사람들이 하마스의 메시아주의, 권위주의, 종파적 조작을 거부한다는 것을 시사한다고 해석할 수 있다. 바르구티에게 페미니즘, 사회주의 또는 기후 참사에 맞선 싸움의 상징이라는 꼬리표를 붙이는 것은 무리일 수 있다. 대신 하마스와 파타당 모두 그다지 관심을 가지지 않는 이러한 모든 대의가 팔

---

22 theguardian.com/world/2024/feb/17/the-most-popular-palestinian-leader-alive-releasing-marwan-barghouti-could-transform-territories-politics

레스타인 사람들 사이에서 강력하고 유기적이며 조직적인 지지를 얻고 있다는 점은 언급할 가치가 있을 것이다.

1970년대 이후 전 세계적으로 좌파가 참변이나 다름없는 패배를 겪어 왔다는 사실을 버소 블로그 독자들에게 또다시 상기시킬 필요는 없을 것이다. 그러나 그 모든 암담한 추악함이 여기서 다시 한번 드러난다. 세속적이고 민주적인 세력(예: 팔레스타인해방인민전선PFLP)이 아니라 (반체제적인 성격을 띠지만 국제주의적이지도 혁명적이지도 않은 지정학을 추구하는) 권위주의적 운동이 팔레스타인 저항 세력을 이끌고 있다는 사실보다 더 뼈아프게 그 사실을 상기시키는 것은 없을 것이다. 팔레스타인 해방을 흔들림 없이 지지하는 동시에 그 지도력에 대해 비판적 거리를 유지한다고 해서 시온주의나 제국주의를 인정하는 것은 아니다. 사실 우리의 책무는 여전히 가능한 미래, 즉 지구에 대한 방어와 팔레스타인에 대한 방어가 단단히 융합되는 미래를 향해 나아가는 것이다.

팔레스타인 저항 세력에 관한
몇몇 반론에 대한 재반론

이 책 본문에 수록한 글이 블로그에 게시되자 몇몇이 반론을 보내왔지만 그 가운데 어떤 것도 1840년의 사건이나 역사에 관련된 내용에 관한 것이 아니었다. 마탄 카미네르는 버소 블로그에 '홍수 이후: 안드레아스 말름에 대한 반론'이라는 글을 게시했다. 동지적 차원에서 작성한 비판글을 올려 준 카미네르에게 깊은 감사를 표한다. 그는 팔레스타인 저항 세력을 이끄는 지도부, 특히 하마스가 '지구를 함께 살아갈 만한 곳으로 만들고 지구를 공유하고자 하는 투쟁'에 반드시 동참한다는 보장은 없다고 주장한다. 나는 2024년 5월 말에 재반론 글을 작성하여 버소 블로그에 게시했다.[1] 그 글을 아주 최소한으로 수정하고 몇 가지 중요한 내용을 추가하여 이 책에 싣는다.

---

1 versobooks.com/en-gb/blogs/news/standing-with-the-palestinian-resistance-a-response-to-matan-kaminer

저항 세력 내 좌파 세력에 대하여

마탄 카미네르는 앞서 수록한 글에서 내가 제시한 역사적 분석에 대해서는 문제 삼지 않는다. 그러나 팔레스타인 저항 세력을 지지하는 나의 입장, 인정하건대, 아주 개략적으로만 묘사된 입장에 대해서는 몇 가지 문제를 제기한다. 여기서 나는 동지적 차원의 비판 정신을 바탕으로 카미네르의 반론에 대해 재반론하면서, 몇 가지 요점들을 정교화하는 계기로 삼고자 한다.[2] 우선 몇 가지 기본 원칙들과 개인적인 출발점에 대해 설명하고자 한다.

만일 마르크스주의자라는 정체성을 가진 사람이 가자 지구 안에 있다면 무엇을 해야 할까? 그는 가자 지구 현장에서 싸우고 있는 마르크스주의자들에게 합류해야 할 것이다. 만일 그가 포위당하고 점령당했으며 파괴되고 불태워진 게토 안으로 들어갈 수 없다면, 그 내부에 있는 동지들과 연대해야 할 것이다. 이것은 가설이 아니라 현실이다. 현지에서 싸우고 있는 마르크스주의자들, 즉 팔레스타인해방인민전선^{이하 PFLP}과 팔레스타인해방민주전선^{이하 DFLP}이 있기 때문이

---

2   동지적 차원의 비판 정신에 대해서는 Lukas Slothuus, 'Comradely Critique', *Political Studies* (2023) 71: 714-732를 참고하라.

다. 알아크사 홍수 작전이 시작된 이른 아침부터 당장 어제도 치열하게 전개된 전투에 이르기까지, 그들은 집단학살을 자행하는 점령군에 맞서 싸우는 게릴라 전쟁에 참여해 왔다. 그들은 감시탑을 점거하고 포로를 생포했다. 그들은 로켓포를 발사하고 매복했으며 드론을 격추하고 탱크를 날려 버렸다. 그들은 난민촌의 골목에서 마주친 군인들과 근접전을 벌인 뒤 터널로 후퇴해 깊이를 가늠할 수 없는 공포로 물든 밤을 여러 달 버텨 냈다. 그들은 작전 중에 그리고 민간인 주택을 겨냥한 폭격으로 인해 전투원, 간부, 선출된 대표자들을 잃었다.

PFLP 소속 아부 알리 무스타파 여단Abu Ali Mustafa Brigades은 제닌 난민촌에서 자발리야 난민촌, 라말라에서 라파에 이르는 지역에서 활발하게 활동했다. 그러나 알아크사 홍수 작전에서 주목할 만한 측면은 DFLP 소속 오마르 알카셈 군Omar al-Qassem Forces이 부상한 것이다. 신뢰할 만한 통계를 제시할 수는 없지만 저항 세력이 수행하는 작전을 송출하는 보도에 따르면 오마르 알카셈 군은 가자 지구 내 무장 세력 서열 3위 자리를 두고 경쟁 중인 것으로 보인다. 만일 이러한 두 마르크스주의 게릴라 파벌이 연합하고 거기에 알아시파 군al-Asifah Forces과 지하드 지브릴 여단Jihad Jibril Brigades이 더해진다면, 좌파 연합은 하마스의 이즈 앗딘 알카삼 여단, [이슬람] 지하드의 알쿠드스 여단al-Quds Brigades으로 구성된 연합에 이어 현지에서 두 번째로 큰 세력을 구성하게 될 것이다. 그리고 당연하고도 자명하며 자연스럽게도, 이 모든 파벌은 함께 싸울 것이다. 그들은 조직적인 공동 작전 계획을 수립하여 로켓포를 발사하고 동일한 지하 기지로 함께 되돌아갈 것이다. 이것은 당연한 일이다. 해방된 팔레스타인이 어떤 모습이어야 하는지를 두고 논쟁해야 할 때가 있고, 단결하여 행동에 나서야 할 때가 있다. 그리고 지금은 단결하여 행동에 나서야 할 때다. 사실 저항 세력은 공격 첫날부터 8개월이 지난 지금까지 줄곧 완벽하게 단결해 왔다.

가자 지구 현장에 좌파가 존재한다는 사실을 어떻게 평가해야 할 것인가? 카미네르는 '팔레스타인 저항 세력을 이끌고 있는 세력이 세속적이고 민주적인 세력(예: PFLP)이 아니라는 사실'을 개탄한다. 물론 이는 사실이다. PFLP나 DFLP가 저항 세력을 이끌었던 적은 없었기 때문이다. 그들은 항상 저항운동의 좌파로서 존재해 왔을 뿐이다. 오늘날 여러 가지 이유로 PFLP의 세력이 디아스포라 와중에 무장투쟁을 벌이던 황금기(1968~1973년)와 제1차 인티파다가 한창이던 때(1988~1990년)보다 훨씬 더 약해진 것은 사실이다. 그러나 PFLP의 세력이 지금보다 강했을 당시에도 지배적인 세력은 파타당이었다. 그리고 오늘날의 지배적인 세력은 하마스와 [이슬람] 지하드다. 좌파 세력이 최고조에 달했던 시기에 비해 약해졌다고 해서 그것이 그 투쟁에 연대하지 말아야 할 근거가 될 수는 없다. 카미네르는 '1970년대 이후 전 세계적으로 좌파가 참변이나 다름없는 패배를 겪어 왔다는 사실을 버소 블로그 독자들에게 또다시 상기시킬 필요는 없을 것이다. 그러나 그 모든 암담한 추악함이 여기서 다시 한번 드러난다'라고 썼지만, 나는 독자들에게 인터넷에 접속하여 알아크사 홍수 작전이 수행되기 1년 전 가자 지구에서 PFLP가 보여준 위력과 아름다움을 엿볼 수 있는 동영상을 찾아볼 것을 추천한다.³

전 세계에서 좌파의 위상이 암담해진 상황이야말로 우리

---

3   2022년, PFLP 55주년 기념 축제에서 처음 발표된 PFLP 주제가 "For the Sake of the Front", Songs from the Resistance, X, 2023년 11월 19일.

가 팔레스타인 저항 세력 내에 존재하는 좌파의 가치를 높이 평가해야 하는 이유이다. 바로 지금, 제국에 맞서는 이 역사적인 순간에, 실제 조직된 좌파가 중요한 전투에서 최전선에 서 있는 것이다. 우리는 이러한 상황을 이란 좌파나 이집트 좌파의 운명과 견주어 볼 수 있다. 이란의 피다이야니 칼크 Fedaiyan-e Khalq[4]도, 이집트의 혁명적 사회주의자 Revolutionary Socialists 도 (그들의 투쟁 대상인 독재자들이 사라진 것과 무관하게) 자취를 감췄다. 바로 이것이 시류를 거스르는 이 예외적인 세력들을 높이 평가해야 하는 또 다른 이유이다. 그러나 글로벌 북반구의 좌파는 10월 7일 이후 일어난 사건들을 바라보면서 팔레스타인 현지에서 활동하는 좌파에 거의 주목하지 않았다. 마치 오슬로 협정이 체결된 이후로는 PFLP나 DFLP를 기억에서 지워 버리기라도 한 것처럼, 아니면 진보 세력은 이제 더 이상 무장투쟁을 벌이지 않는다는 발상에 지나치게 익숙해져 버린 나머지 무장투쟁을 수행하는 세력에 신경을 쓸 필요가 없어져 버리기라도 한 것처럼. 나는 이러한 상황에 당황하고 말았다. 명예를 아는 마르크스주의자가 국내

---

4 [옮긴이] 이란의 지하 마르크스 레닌주의 조직.

에서 할 수 있는 최소한의 일은 PFLP나 DFLP에서 (예를 들어 매우 귀중한 텔레그램 채널인 레지스턴스 뉴스 네트워크Resistance News Network를 통해) 꾸준하게 송출하는 공식 발표와 분석을 확인하는 것이다. 일례로 2024년 5월 12일에 자밀 메제르Jamil Mezher PFLP 부사무국장이 한 발언을 여기에 옮겨 본다.

> 가자 지구 내 팔레스타인 저항 세력은 군사 조직을 갖추고 현 시대에 가장 위대한 서사에 참여하고 있습니다. 가진 수단이 그다지 변변치 않음에도 불구하고, 그들은 놀라운 전술을 활용하여 현장에서 합동 작전을 벌여 이 지역에서 가장 강력한 군대, 온갖 종류의 미제 무기로 중무장한 군대를 물리침으로써 점령군의 억지력과 군사적 우위를 꾸준히 약화시켜 왔습니다. 알아크사 홍수 작전이 시작되고 8개월이 지난 지금, 그 인종차별적 정체성과 추악한 면면이 전 세계에 까발려진 시온주의 식민 당국은 자신들이 추진하는 식민주의 프로젝트뿐 아니라 자신들이 중동에서 유일하게 민주적인 국가라는 주장을 선전할 수 없게 되었습니다. 우리는 팔레스타인의 정의가 승리하는 역사적 서사의 한 장면을 그리고 우리 저항의 정당성이 인정받는 모습을 목도하고 있습니다.

이들 가자 지구의 좌파를 함부로 무시하거나 비웃지 말라. 동지들이여 그들의 말에 귀를 기울이라. 그것은 "'저항 세력에 대한 성급한 지지 선언"(카미네르)이 아니라 오래전의 다짐, 승리의 날 또는 패배의 날이 올 때까지 지속될 다짐의 실천이다. 이것은 뉴욕시에서 활동하는 팔레스타인 연대 운동에서 발간하는 신문 《뉴욕 워 크라임스New York War Crimes》의 최신호 머리기사의 문구처럼 '해방과 귀환의 그날까지 저항과 혁명'을 이어 가는 문제다. 즉, '완전한 해방을 맞이하는 그날까지 세대와 세대에 걸쳐' 이어지는 문제다. 조급해 하지 말고 시류에 편승하지도 말라. 이것은 시대를 초월한 언약이다.

개인적인 견해에 대하여

조심스럽지만, 여기에 개인적 견해를 적어 보고자 한다. 1990년대 말, 나는 점령된 팔레스타인에서 처음으로 생활하게 되었고 언제나 나의 최애 조직이었던 PFLP와 연락하게 되었다. 나는 2023년 10월 7일이 되기 오래 전부터 팔레스타인 저항 세력 일반, 그중에서도 특히 저항 세력 내 좌파 세력과 연대해 왔고 앞으로도 오랫동안 그럴 것이다. 그것은 나의 가장 깊은 서너 가지 신념 가운데 하나이기 때문이다. 2002년에 나는 그해 4월의 경험을 바탕으로 첫 번째 책(스웨덴어)을 썼다. 미국인 동지 한 명과 나는 여전히 전투가 벌어지고 있던 제닌 난민촌에 들어간 최초의 외부인이 되었다. 우리는 썩어 가고 있는 시신, 박살 난 건물, 파괴된 난민촌 아래 깔린 난민들 사이를 지나갔다. 팔레스타인의 원형적 장면, 영원히 계속해서 규모가 더 커질 것으로 추정되는 그 장면이 끝없는 고통에 시달리는 제닌 난민촌에서 다시 되풀이되고 있었고, 가자 지구에서는 비교할 수 없을 만큼 큰 규모로 나타나고 있었다. 우리는 조금이라도 도움이 되는 것이면 무엇이든 하려고 애썼다. 또한 우리는 심한 부상을 입고 숨어 있던 [이슬람] 지하드 3인자를 우연히 만나 치료를 받을 수 있는 곳으로 옮겨 주었다. 때때로 나는 그 행동이 정치 영역에서 내가 수행했던 단일 행동으로서는 가장 의미 있는 행동이었다고 생각한다. 제닌 난민촌의 [이슬람] 지하드 지도자 한 명의 목숨이 글 1천 편보다 더 가치 있음이 확실하기 때문이다. 나는 바로 거기서 출발했다. 기후는 그 이후에야 내게 중요한 주제가 되었다. 기후라는 문제가 내게 그토록 깊은 인상을 남긴 이유는 그것이 나크바를 지구라는 하나의 행성 전체로 확장한 문제로 보였기 때문이다. 여기서 파괴되고 있는 것은 하나의 조국이 아니라 지구라는 하나의 살아갈 만한 행성 전체이다. 바로 이 자기 유사적 패턴이 내가 본문에 수록한 글을 통해 포착하고자 했던 것이다.

이런 이유에서, 개인적으로 나는 팔레스타인을 거쳐 기후라는 문제에 도달한 사람이다. 때때로 나는 기후 투쟁에 현실을 직시하고 공격적으로 변해야 한다고 요구하는데, 그것은 내가 팔레스타인으로부터 저항의 의미를 배웠기 때문이다. 그렇다고 해서 기후 운동이 무장투쟁 전술(로켓포를 발사하거나 군인을 저격하거나 인간의 신체를 목표로 삼는 그 밖의 다른 종류의 행위)을 모방해야 한다는 의미는 아니다. 여러 가지 분명한 이유 가운데 하나는 화석 자본이 정착민 식민지 프로젝트는 아니기 때문이다. 그러나 모방해야만 할 하나가 있다면, 그건 바로 저항의 **정신**이겠다. 마치 인간의 실존적 존엄의 모든 것이 거기에 달려 있는 것처럼 투쟁할 태세를 갖추어야 한다. 조국을 위해 그 정신을 동원할 수 있다면 지구를 위해서도 그럴 수 있을 것이라고 생각할 수 있다. 어쨌든

나는 삶의 의미는 절대로 포기하지 않는 것이라고 생각하게 되었다. 참사를 막기에 이미 너무 늦었다고 하더라도, 아무리 많은 재난이 쌓인다고 하더라도, 적의 힘이 아무리 압도적이라고 하더라도. 그리고 오늘날 세계에서 이 삶의 의미를 팔레스타인 저항 세력만큼 절실하게 체화하고 있는 세력은 없을 것이다.

만일 내가 가자 지구에서 생활하고 있다면, 상상하건대 나는 오랫동안 PFLP의 일원으로서 활동해 왔을 것이다(만일 내가 여성이었다면 나는 DFLP의 여성 여단에 참여했을 것이다).[5] 상상하건대 만일 마르크스주의자들이 가자 지구에 들어갈 수 있다면, 그 가운데 일부는 다에시에 맞서 싸우기 위해 로자바Rojava[6]로 갔던 사람들처럼 두 전선 가운데 하나의 일원이 되어 활동했을 것이다. 다시 한번 말하지만 이것은 가설이 아니라 현실이다. 나는 국제주의라는 숭고한 전통에

---

5 'Short thread of compiled media relating to the recently formed women's units of the National Resistance Brigades, the armed wing of the DFLP', Songs from the Resistance, X, 1 November 2023을 참고하라.

6 [옮긴이] 정식 명칭은 북동시리아 민주 자치 행정부Democratic Autonomous Administration of North and East Syria.

입각하여 가자 지구에 들어가 투쟁에 합류하려고 애썼던 동지들을 알고 있다. 다만 시시 정권[7]이 가자 지구의 파괴에 협력한 방식으로 인해 자발적으로 투쟁에 동참하려는 사람들이 가자 지구로 들어갈 수 없게 되었다는 말만을 해 두려고 한다. 이 동지들이 가자 지구에 들어가는 데 성공했다면, 당연하게도 그들은 알카삼 여단, 알쿠드스 여단 소속 전투원들과 어깨를 맞대고 그들의 전술적 지도에 따르면서 전투에 나섰을 것이다. 거기에 무슨 반론을 제기할 수 있겠는가?

화석연료를 보유한 혹은 보유하지 못한 팔레스타인

카미네르는 [옮긴이: 팔레스타인 문제와] 기후 문제의 연관성을 진지하게 받아들인다. 그럼에도 불구하고 카미네르는 저항 세력 자체도 이란과 카타르를 통해 간접적으로 지원받는 방식으로 화석 연료에 푹 빠져 있다는 반론을 제기한다. 어떻게 보면, 카미네르의 말이 옳다. 이란의 지배계급은 철저하게 석유 및 가스 채굴을 끊임없이 확장함으로써 얻는 이윤을 바탕으로 하고 있다(나는 책 한 권과 논문 한 편에서

---

7 [옮긴이] 압델 파타 엘 시시. 군인 출신 이집트 대통령이다. 13대인 2014년부터 15대인 현재까지 집권하고 있다.

이 문제를 다룬 적이 있다).[8] 카타르가 보여주는 모습도 동일하다. 그렇다면 우리가 기후를 근거로 저항 세력과 결별해야 하는 것일까? 마르크스주의자들이 좋아하는 역사적 유비를 들어 설명해 보겠다. 홀로코스트의 사례를 고려해 보자. 나와 체트킨 컬렉티브가 《흰 피부, 검은 연료: 화석 파시즘의 위험성에 대하여 White Skin, Black Fuel: On the Danger of Fossil Fascism》에서 주장한 것처럼, 홀로코스트는 화석연료로 가동되는 모든 지배 기계에 매료된 나치 정권이 석탄이라는 수단에 힘입어 실행한 대량학살이었다. 나치 정권이 유럽 유대인을 파괴한 순간은 지구를 파괴한 순간이기도 했다. 제3제국Third Reich이 소비에트 연방에 의해 제압되면서 문제는 더 복잡해졌다. 그 이유는 부분적으로 스탈린 정권이 석유와 화석연료로 가동되는 훨씬 더 많은 기계를 마음껏 사용할 수 있었기 때문이었다. 또한 그 기계는 전쟁을 치르는 동안 유럽에 배치되어 유럽 전역의 파르티잔을 지원했다. 여기서

8　Andreas Malm and Shora Esmailian, *Iran on the Brink: Rising Workers and Threats of War* (London: Pluto, 2007); Andreas Malm, 'The Dialectics of Disaster: Considerations on Hazards and Vulnerability in the Age of Climate Breakdown, with a Brief Case Study of Khuzestan', Jamba: *Journal of Disaster Risk Studies* (2023) 15: 1-9.

화석연료는 생존과 해방을 위해 동원되었다. 그렇다고 해서 연합국들이 유발한 배출의 복사강제력[9]이 줄어든 것도 아니고 동서양을 막론하고 전후에 호황을 맞이한 화석연료 생산의 심각성이 줄어든 것도 아니다. 그렇지만 나는 우리가 화석연료를 동원한 그 당시의 선택을 진심으로 후회할 것이라고는 생각하지 않는다.

다음과 같이 표현해 보자. 모든 근대 경제국이 철저하게 화석연료에 입각해 왔기 때문에, 근대 역사에서 일어났던 일부 바람직한 일들마저 화석연료로 인해 빛이 바라게 되었다고. 우리는 1941년에서 1945년 사이 스탈린 정권이 자신이 보유한 화석연료를 그런 방식으로 사용했다는 사실에 감사해야 한다. 또한 우리는 냉전 시대에 스탈린 정권이 (비록 국내에서는 스탈린이 숨막힐 정도로 경직된 독재자였음에도 불구하고) 화석연료로 벌어들인 자금을 베트남 민족해방전선 National Liberation Front, NLF, 아프리카민족회의African National Congress, ANC, PFLP, 그 밖의 다른 반식민지 해방 운동에 지원했다는 사실에도 감사해야 한다. 이를 준용해 보면, 솔직히 나는 우리가 어

---

9 [옮긴이] 지구의 에너지 균형에 영향을 주는 외부 요인이 일으키는 강제적인 변화로 잠재적인 기후 변동 메커니즘의 중요한 지표이다.

떻게 팔레스타인 저항 세력에 대한 자금 지원이 끊어지기를 바랄 수 있는지 이해가 되지 않는다. 중동에서 발생하는 석유 이윤을 중동 자체 내에서 순환시키거나 아니면 전 세계 미디어 중 유일하게 정신이 멀쩡한 정보원인 알자지라(그들 없이 어떻게 살 수 있을까?)에게 지원하는 것이 그 이윤을 이스라엘방위군IDF 또는 시시 정권으로 흘러 들어가게 하는 것보다 낫다고 생각한다.

물론, 이란이나 카타르에서의 화석연료 생산이 다른 곳에서보다 더 오래 지속될 거라는 말은 아니다. 우리는 그 모두를 반드시 멈춰야만 한다. 만일 팔레스타인 국가가 현실이 된다면, 그 수역에서의 가스 채굴 역시 멈춰야 할 것이다. 그러나 카미네르가 지적한 것처럼 하마스(또는 PFLP나 DFLP 또는 팔레스타인의 그 밖의 다른 파벌)가 현재 되풀이되는 상황에서, 그 수입의 원천을 포기할 것이라고 믿을 근거는 없다. 폭격이 시작된 [2023년] 10월 이전의 가자 지구는 아마도 세계에서 가장 완벽하게 태양력에 의존하는 지역이었다. 그러나 그것은 그 밖의 다른 전력원에 접근할 수 없었던 탓에 어쩔 수 없이 선택한 것일 뿐이다. 만일 가스 또는 석탄을 태울 기회가 온다면 가자 지구 사람 누구라도 그 기회를 붙잡을 것이다. 게다가 가자 지구 정부에는 가시적인 기후 정책도 없는 형편이다.

    그 비극은 다음과 같이 나타난다. 우리는 지구의 파괴가 국지적인 형태의 다양한 파괴와 밀접하게 관련되어 있음을 쉽게 보여줄 수 있다. 그러나 어떤 운동이 지구의 파괴에 반대하여 들고일어나는 운동인지를 지목하기란 참으로 어렵다. 팔레스타인 저항 세력이 기후 운동 세력이 아님은 분명하기 때문이다. 이와 유사하게 우리는 예멘의 파괴가 생물권에서 일어나는 일반적인 과정의 일환임을 보여줄 수 있다. 그러나 우리는 예멘에서 기후 반란을 주도하는 주체가 누구인지는 식별해내지 못한다. 우리는 파괴를 자행하는 객관적인 세력은 과잉인 반면에 기후 주체는 부족한, 구조적인 문제를 해결하려고 애쓰고 있다. 그리고 아마도 그러한 불균형은 중동에서 가장 극단적으로 나타날 것이다(라틴 아메리카는 [옮긴이: 기후 반란을 주도하는] 주체가 훨씬 더 많다). 이 지역에 관심을 가지고 있거나 이 지역에서 일하거나 이 지역에서 생활하는 사람들 앞에는 막대한 과제가 놓여 있다. 추측건대, 지난 몇 년 동안 팔레스타인에서 기후에 대한 인식이 싹트기 시작했을 가능성이 있다. 그러나 현재 집단학살이 진행 중인 상황을 감안할 때, 기후 문제는 의제에서 끌려 내려올 것이다. 그리고 이것 역시 그 비극 가운데 하나다. 그러나 나는 지금까지 언급한 그 어떠한 비극도 우리가 저항 세력과 거리를 두어야 하는 이유는 되지 못한다고 생각한다. 팔레스타인 저항 세력과 그 밖의 다른 중동 내 투쟁 세력에 기후에 대한 인식을 심어 주는 일은 반드시 수행해야 할 역사적 사명이다. 그렇다고 해서 그것이 팔레스타인 민족의 실존과 권리의 즉각적인 방어를 모른 체할 이유가 될 수는 없다.

정착민 살해에 대하여

2023년 10월 7일에 일어난 사건 및 하마스의 본질과 관련하여 두 가지 반론이 남아 있다. 첫 번째와 관련해서는 이스라엘 동지 아디 칼라이가 최근 훌륭하게 분석한 바 있다.[10] 우리는 그날 일어난 일을 날조한 이야기가 조직적으로 파훼

---

10 Adi Callai, 'The Gaza Ghetto Uprising', Brooklyn Rail, May 2024[옮긴이: brooklynrail.org/2024/05/field-notes/The-Gaza-Ghetto-Uprising/].

되는 것을 보아 왔다.[11] 이제 우리는 그동안 일어났던 일을 앞으로 몇 년에 걸쳐 상세하게 논의할 수 있고, 아마도 그렇게 할 것이다. 그러나 여기서는 무엇보다 지면의 한계로 인해 핵심 문제만 집고 넘어가고자 한다. 즉, 그날 그들이 민간인 살해라는 선을 넘었다는 이유로 알아크사 홍수 작전 또는 이와 같은 저항을 비난하거나 부정해야 하나? 이와 같은 원칙적인 입장을 취하는 사람도 있을 것이고 역사적 유비라는 방법에 입각해 1983년에 민족의 창uMkhonto we Sizwe, MK(남아프리카공화국)이 차량에 폭탄을 설치한 일에 대해서 따져보는 사람도 있을 것이다. 민족의 창 조직원들은 남아프리카공화국의 행정수도 프리토리아 핵심부에 자리 잡은 공군기지와 군 정보국을 목표로 삼았고, 그 과정에서 백인 민간인을 포함한 19명이 목숨을 잃었다. 이 폭탄 테러 사건 이후로도 아프리카민족회의ANC의 무장 조직(민족의 창)은 아파르트헤이트 정권에 맞선 투쟁을 한층 더 확대했고 민간인 사망자가 속출했다. 이것에 대해서는 어떻게 생각해야 하는가?

---

[11] 이 문헌 목록은 이미 끝이 없다. 그러나 특히 *Al Jazeera Special Investigations*, 'October 7', 20 March 2024; 및 〈몬도바이스Mondoweiss〉와 〈일렉트로닉 인티파다Electronic Intifada〉의 작업을 참고하라.

> 민간인 살해는 비극적인 사건이었다. 나는 목숨을 잃은 민간인의 숫자 앞에서 심히 경악했다. 이러한 사상자들로 인해 심란했음에도 불구하고, 군사적 투쟁에 착수한다는 결정을 내렸을 때 이미 이와 같은 사고의 발생이 불가피하다는 점을 인지하고 있었다. … 폭탄 테러가 일어났을 때 올리버 [탐보]Oliver [Tambo]가 언급한 것처럼, 무장투쟁은 아파르트헤이트 정권의 폭력으로 인해 우리가 선택할 수밖에 없었던 방법이었다.[12]

넬슨 만델라는 자서전 《자유를 향한 머나먼 길》에서 위와 같이 언급했다. 물론 이런 이유로 만델라를 극단주의자, 즉 테러리스트로 몰아세우는 사람도 있을 것이다. 2008년까지 미국 정부는 만델라를 그렇게 분류했다.[13] 글로벌 북반구에서 생활하는 사람들은 자신들의 본거지에서 수출한 식민 정권에 맞선 투쟁의 현실에 분노하는 경향이 있다. 글로벌

---

12 Nelson Mandela, *Long Walk to Freedom: The Autobiography of Nelson Mandela* (London: Abacus, 1995) 617-618[국역: 《자유를 향한 머나먼 길: 넬슨 만델라 자서전》, 김대중 옮김, 두레, 2020].

13 Robert Windrem, 'US Government Considered Nelson Mandela a Terrorist Until 2008', NBC News, 7 December 2013.

남반구에서 생활하는 사람들의 분노는 그보다 덜하다. 넬슨 만델라는 엄숙한 표정으로 주먹을 치켜들고 동지들과 함께 민족의 창MK의 대표곡을 흥얼거렸다. 그 후렴구는 다음과 같다. '백인들을 죽이겠다는 우리 민족의 창 동지들의 맹세.'[14] 1999년 10월, 가자 자구를 방문한 넬슨 만델라는 팔레스타인 정치인들 앞에서 다음과 같이 말했다. "우리가 나아갈 수 있다면, 우리가 전진할 수 있다면, 대적하기보다는 평화를 선택하십시오. 그러나 만일 폭력이 유일한 대안인 상황이 오면, 우리는 폭력을 사용할 것입니다."[15] 나의 직감으로는 만델라가 오늘날에도 아직 살아 있다면, 누구를 지원해야 하는지 알고 있을 것으로 보인다.

그럼에도 그것이 비극적인 인명 손실이자 개탄스러운 일임에는 틀림이 없다. 그것은 기분 좋은 일도, 기념할 일도, 자부심을 가질 일도 아니다. 2023년 10월 7일에 자신들의 손에 목숨을 잃은 민간인에 대한 하마스의 태도는 만델라의

---

14 'Hamba Kahle Umkhonto We Sizwe', YouTube, *Blackpilled Mirpuri*, 9 November 2020.

15 'Gaza: Nelson Mandela Receives Welcome from Assembly', YouTube, AP Archive, 20 October 1999.

태도와 크게 다르지 않다.[16] 그들이 자랑스러워해도 정당한 일은 지금까지 점령군에게 입힌 손실과 앞으로 입힐 손실이다. 개인적으로 그날 팔레스타인 사람들이 자행했던 몇 가지 일에 경악을 금치 못했다. 나 역시 알제리 민족해방전선FLN의 손에 또는 케냐의 마우마우 반란Mau Mau rebellion, 미국의 흑인 노예 냇 터너의 봉기Nat Turner revolt, 아이티 혁명, 인도의 세포이 항쟁, 페루의 투팍 아마루 봉기 과정에서 목숨을 잃은 민간인에 대한 기사를 접하는 것이 그리 달갑지 않다. 단지 몇 가지만 예로 들었을 뿐이지만, 그 대부분은 민간인 식민자를 상대로 (지금까지 팔레스타인 사람들이 저지른 어떤 폭력도 능가하는) 대규모의 섬뜩한 폭력으로 귀결되었다. 그렇지만, 좌파에 속한 우리들은 아이티 혁명을 신세계에서 일어난 단일한 해방 활동으로는 가장 규모가 컸던 활동으로 기념한다(아마도 근대의 모든 활동을 아우르더라도 가장 규모가 클 것이다). 2023년 10월 7일 이후부터, 민간인은 절대로 살해해서는 안 된다는 원칙에 따라 아이티 혁명을, 즉 역사상 흔치 않은 진정한 진보의 사례로 기록된 이 승리를 비난해

---

16 Hamas Media Office, 'Our Narrative ⋯ Operation Al-Aqsa Flood', 2024, *Palestine Chronicle*를 참고하라.

야 할까? 아니면 백인 민간인을 상대로 이루어진 폭력을 자유를 위한 적법한 투쟁의 추악한 측면으로 기억해야 할까?

이러한 문제가 까다로운 문제임을 인정한다. 예를 들어 민간인의 인명 손실이 '군사적 투쟁에 착수한다는 결정의 불가피한 결과'였다고 쓰면서 만델라가 전달하고자 했던 의미는 무엇일까? 베트남 민족해방전선은 베트남 내 미국 민간인을 살해하지 않았다. 그러나 다시 한번 말하지만, 당시 베트남을 점령한 미국이 정착민 식민주의 프로젝트를 진행한 것은 아니었다. 만델라가 언급한 '불가피함'은 정착민 식민주의의 본질에서 기인하는 것처럼 보일 수 있다. 즉, 북반구에서 비롯된 식민 정권이 원주민 및/또는 수입된 노예 사이에 정착민을 이식하여 이주 및/또는 착취 및/또는 절멸을 시도하는 경우, 굴레를 벗어던지고 최소한의 자유를 획득하여 생존을 보장받으려 시도하는 원주민 및/또는 수입된 노예들은 이식된 정착민의 존재에 직면하게 된다. 제2차 세계대전 동안 노르웨이의 파르티잔이 싸울 상대는 군인들뿐이었다. 그러나 제3제국이 성립되자 이른바 아리아인 10만 명이 노르웨이에 정착하여 파르티잔들을 괴롭히고 파괴했다. 나는 심지어 가장 온건한 노르웨이 사람이라 하더라도 어느 시점에는 선을 넘을 수밖에 없었을 것이라고 생각한다. 이런 사례가 2023년 10월 7일에 일어났던 사건과 결부된 모든 문제를 해결해 주지는 않는다. 그러나 내가 보기에 이런 사례는 식민지 정착민 민간인이 쓰러지는 순간 그들을 쓰러뜨린 반식민지 투쟁을 반드시 거부해야만 한다는 입장에 물음표를 던진다. 만일 (총기를 소지하지 않은 상태에서 공격당한 정착민을 포함하여) 정착민을 상대로 자행된 폭력이 정착민 식민주의의 압제 및/또는 절멸에 맞서는 투쟁의 불가피한 구성 요소라면, 아메리카 대륙에서 알제리 및 그 너머에까지 이르는 모든 사례가 시사하는 것처럼, 상황은 달라진다. 저항이 선을 넘었다는 이유로 그것을 부정하거나 맹비난하는 사람들이 이 범주에서 지원할 수 있는 투쟁이 무엇이 있을까? 이와 같은 나침반을 가진 사람들이 역사에서 나아갈 곳은 어디인가? 파농의 이름을 언급하는 것만으로도 이러한 질문을 해결할 수 있다. 그러나 이것은 과거의 식민자 또는 피식민자와의 연대의 문제가 아니다. 그것은 오늘날 가장 시급한, 현재의 문제이다.

민족의 창의 만델라는 우리가 나아갈 수 있다면, 우리가 전진할 수 있다면, 대적하기보다는 평화를 선택하라고 말했다. 2023년 10월 이전 가자 지구의 상황이 이 기준을 충족했었나? 나는 가자 지구가 이 기준을 이미 여러 차례 충족했다는 결론 외에 다른 결론에 도달할 수 있다고 생각하지 않는다. (이미 오래전에 팔레스타인 민족주의 운동과 결별한 부역자 술타sulta[17]는 당연히 제외하고) 하마스를 포함한 팔레스타인 민족주의 운동은 팔레스타인 사람들이 최소한의 자유라도 누릴 수 있도록 만들기 위해 가능한 모든 경로를 시도해 왔다. 여기에는 평화 제안, 협상 이니셔티브, 불매운동, 국제기구에 대한 호소, 비폭력 행진 및 대규모 시위, 시민 불복종 등이 포함되는데, 그 정점에 2018년에서 2019년까지 이루어진 귀환을 위한 대행진Great March of Return이 자리 잡고 있다는 것을 절대로 잊어서는 안 된다. 이때 이스라엘 점령군에 의해 팔레스타인 사람 223명이 살해되었고 약 1만 명이 불구가 되거나 그 밖의 부상을 입었다. 바로 이 일이 무장투쟁의 계기가 된 사건이라고 할 수 있다. 이러한 쟁점들과 관련해서 할 이야기가 무궁무진하지만, 2023년 10월 7일부터 가장 최근 이루어진 전투에 이르는 21세기 가장 위대한 반식민지 반란인 알아크사 홍수 작전의 위상을 뒤집을 수 있는 이야기는 아직 보지 못했다.

17 [옮긴이] 팔레스타인 자치정부.

현존하는 하마스에 대하여

하마스와 관련하여, 우리는 하마스라는 이 운동의 진짜 정체가 무엇인지, 이 운동이 어떻게 발전해 왔고 무엇을 의미하며 어디로 향하고 있는지에 대한 기나긴 대화를 나눌 수 있고, 대화를 나눠야 한다. 대화를 시작하려면 우선 하마스에 대한 자유주의적 담론과 결별해야 한다. 왜냐하면 그것이 현실을 반영하지 못하고 있기 때문이다.[18] 그것은 악마에 대한 공포와 환상이 부추긴 심리적 착각이다. 사라 로이, 타레크 바코니, (최근 이 주제와 관련하여 가장 뛰어난 연구서를 발표한 사람 가운데 하나인) 솜딥 센 같은 학자들의 과학적인 학술 연구는 하마스에 대한 진지한 연구에 도움을 준다.[19] 이것은 [이슬람] 지하드에도 동일하게 적용된다.[20] 화석연료를

---

18 Ali Abunimah, 'It's Time to Change Liberal Discourse about Hamas', *Electronic Intifada*, 10 June 2021.

19 Sara Roy, *Hamas and Civil Society in Gaza: Engaging the Islamist Social Sector* (Princeton: Princeton University Press, 2013); Tareq Baconi, *Hamas Contained: A History of the Palestinian Resistance* (Stanford: Stanford University Press, 2018); Somdeep Sen, *Decolonizing Palestine: Hamas between the Anticolonial and the Postcolonial* (Ithaca: Cornell University Press, 2020).

20 Erik Skare, *A History of Palestinian Islamic Jihad: Faith, Awareness, and Revolution in the Middle East* (Cambridge: Cambridge University Press, 2021).

동력원으로 삼는 페르시아만 세력과 결탁했다는 비난과는 별개로, 카미네르는 '메시아주의, 권위주의, 종파적 조작'이라는 세 가지 측면에서 하마스를 비난한다. 이 세 가지 측면에 대해 간단하게 살펴보자.

하마스나 그 밖의 다른 팔레스타인 저항 세력에 메시아주의자는 존재하지 않는다. 메시아주의는 성전산 신앙 운동Temple Movement[21] 활동가들에게서나 찾아볼 수 있는 것이다. 성전산 신앙 운동 활동가들은 붉은 암송아지를 도살하고 알아크사를 짓뭉갠 후 성전을 짓고 메시아 시대를 선언할 준비를 하는 사람들이며, 그들의 광신도 동료들과 함께 식민 당국에 그 어느 때보다 더 큰 영향력을 발휘하는 사람들이다. 심지어 최근에는 《뉴욕 타임스》조차 그들의 연대기를 기록하지 않고는 못 배길 정도였다.[22] 이와 반대로, 하마스는 메

---

21 [옮긴이] 성전산 및 에레츠 이스라엘 신앙 운동Temple Mount and Eretz Yisrael Faithful Movement. 정통파 유대교 시온주의 운동으로 예루살렘 성전산에 제3성전을 짓고 코르반(희생 제물)을 드리는 제사를 다시 시행하자는 목적을 갖고 있다.

22 Rachel Fink, 'Explained: The Israeli Extremists Who Want to Rebuild the Temple, and the Government Ministers Who Back Them', *Haaretz*, 24 April 2024; Ronen Bergman, 'The Unpunished: How Extremists Took Over Israel', *New York Times*, 16 May 2024.

시아적 관념을 가지고 있지 않다. 거의 40여 년간 존재해 온 하마스는 위에서 언급한 학자들과 이 운동을 따르는 모든 사람이 증언할 수 있는 것처럼 한결같은 세속화의 궤적을 그려 왔다. 세속화 과정의 특징은 꾸준히 축적되어 왔다. 구체적으로는 첫 번째, 비정상적이어서 도저히 용납할 수 없는 헌장의 반유대주의와 단절한 것, 성차별과 히잡 착용 강요를 중단한 것, 무슬림 형제단과 결별한 것, 경건함보다는 정치에 집중한 것, 이슬람의 종교적 언어보다 더 엄격한 국가 차원의 언어를 바탕으로 정치의 기틀을 마련한 것 등을 꼽을 수 있다. 오늘날의 하마스와 1988년 초의 하마스는 마치 별개의 생물 종처럼 완전히 다른 실체이다. 하마스가 계승한 무자마 알이슬라미야Mujama al-Islamiya는 말할 것도 없다. 아부 오베이다의 여러 연설을 따라가다 보면 현존하는 하마스에 대해 익숙해질 수 있을 것(내 생각에는 누구나 그럴 것)이다. 2023년 10월 7일 이후, 아부 오베이다의 연설들은 보통 이슬람식 인사와 쿠란의 상징적인 구절들(약자가 궁극적으로 강자를 이기는 방법에 대한 수라 또는 마침내 자유를 찾는 수라[23])

---

23 [옮긴이] 쿠란은 114개 수라로 이루어져 있다.

을 간단하게 인용한 뒤 곧바로 저항 세력이 직면한 도전, 성과, 희생, 점령군의 범죄, 연대의 미덕, 앞으로 나아갈 길에 대한 설명으로 넘어갔다. 겁먹지 말아라! 그 위대한 말씀을 들으라. 그 메시지는 종교색은 엷은 대신 반식민지 수사와 반파시즘 수사로 점철되어 있다. 이러한 특징은 하마스가 매일 내놓는 공식 발표에도 동일하게 적용된다.

그러나 세속화가 가장 현저하게 드러나는 측면은 아마 군사 교리일 것이다. 1994년, 이브라힘 회당Ibrahimi Mosque에서 학살이 일어난 이후 알카삼 여단의 초기 세대들은 순교 작전, 이른바 자살폭탄 작전을 전술로 발전시켰다. 그들은 제2차 인티파다의 중심에 서 있었고 종교적인 관념인 순교를 그 자체로 가치 있는 것으로 여기면서 그 밖의 어떤 관념보다 더 크게 의지했다.[24] 그러나 이번 전쟁에서는 일부의 기대와는 반대로, 가자 지구에서 **단 한 건의 순교 작전**도 보고되지 않았다. 단 한 건의 자살폭탄 작전도, 전투원이 죽음을 각오하고 실행하는 그 밖의 다른 어떤 종류의 활동도, 전

---

24 순교 작전이라는 정치적 풍조에 대한 연구 가운데 최고는 Nasser Abufarha, *The Making of a Human Bomb: An Ethnography of Palestinian Resistance* (Durham: Duke University Press, 2009)이다.

혀 보고되지 않았다.[25] 점령군 군인이 병원, 아파트, 검문소를 휘젓고 다녔기에 자살폭탄을 터뜨리고자 했다면 기회는 얼마든지 있었을 것이다. 그러나 모하메드 데이프를 비롯한 알카삼 여단의 지도자들은 과거의 전술을 폐기했다. 그 대신 이번에는 전투원들이 터널에서 빠져나와 메르카바 전차나 그들이 선택한 그 밖의 다른 목표물 아래에 폭탄을 설치한 뒤 안전한 곳으로 되돌아와 몸을 숨기는 전술을 채택했다. 이것은 (열대우림이 지하 터널로 바뀌었을 뿐) 세속적인 형태의, 그러나 전술적인 개선으로 보다 더 완벽해진 고전적인 게릴라전 모델과 다름없는 것이다.

물론 하마스가 완벽하게 세속적인 집단인 것은 아니다. 하마스는 여전히 매우 이슬람적인 저항운동이다. 그러나 하마스의 투쟁은 종교적인 영역에서 정치적인 영역으로 급격하게 이행해 왔다. 즉, 무엇보다 주목할 만한 것은 사실상의 세속화다. 이와 대조적으로 종교적 시온주의는 기하급수적

---

25 CNN의 수석 국제 특파원은 '자살폭탄 무리'가 이스라엘방위군을 기다리고 있을 것이라고 예측했었다. Sam Kiley, 'Israel's Allies Fear It Could be Walking into a Trap in Gaza as Hamas and Its Backers Seek a Wider Conflict', CNN, 26 October 2023.

으로 증가하여 이 대량학살이 이루어지는 동안 그 어느 때보다 더 극단적으로 행동했다. 내가 기록한 것처럼 이스라엘 점령군은 라파에 물을 공급하는 주요 저수시설을 파괴했다. 한 군인은 이 작전을 다음과 같은 문구와 함께 사회 관계망 서비스에 자랑스레 떠벌렸다. '안식일Shabbat 기념 텔 술탄 Tel Sultan 저수시설 파괴.'[26] 이와 같은 타락을 종교적으로 정당화하는 일이 점령군 측에서 그 어느 때보다 흔하게 일어나고 있다. 점령군 군인들의 사회 관계망 서비스 계정과 비교해 볼 때, 하마스의 합리성과 계몽주의는 경이로울 지경이다. 나는 알아크사 홍수 작전 전체 기간에 나온 공식 발표가 하나의 책으로 묶여 나오기를 바란다. 그러면 독자들이 직접 판단할 수 있을 것이다.

권위주의는 어떠한가? 이것이 하마스가 민주주의적 실천의 절대적 귀감이라는 말은 아니다. 모든 것은 분명 상대적이다. 만일 우리가 부르주아 민주주의에 대한 마르크스주의자들의 관점을 받아들이고, 그것이 혁명적 좌파가 자유롭게 활동할 수 있는 공간을 제공한다는 점을 명심한다면, 우리

---

26 Yaniv Kubovich, 'Israeli Army Commanders Gave Order to Blow Up Rafah Reservoir. IDF Suspects Breach of Int'l Law', *Haaretz*, 29 July 2024.

는 하마스 통치하에 있는 가자 지구가 레바논 베이루트에서 시작하여 튀니지 튀니스에 이르는 전 지역에서, 이와 같은 민주주의를 가장 완벽하게 예시하는 사례라고 결론 내려야만 할 것이다. PFLP와 DFLP는 이 지역 어디서도 찾아볼 수 없을 만큼 자유롭게 대규모 집회, 분리주의 여성 여단의 군사훈련, 그 밖의 다른 활동을 조직할 수 있다. 하마스는 니자르 바나트Nizar Banat를 살해하지 않았다.[27] 하마스는 바실 알아라즈Basil al-Araj를 고문하지 않았다.[28] 하마스가 사람들에게 부과한 제약은 술타, 즉 팔레스타인 자치정부가 자신들이 통제하는 고립된 주거지 안에서 반대파와 투쟁 세력을 상대로 행하는 잔인한 탄압에 비하면 아무것도 아니다. 술타의 유일한 존재 이유는 점령군과의 협력이다. 이러한 배경 속에서 발전한 현재의 상황은 다음과 같다. 마르크스주의자와 이슬람

---

27 예를 들어 Bethan McKernan, 'Nizar Banat's Death Highlights Brutality of Palestinian Authority', *Guardian*, 31 August 2021를 참고하라. [옮긴이] 니자르 바나트는 팔레스타인 정치 활동가였고 팔레스타인 자치정부에 의해 살해당했다.

28 예를 들어 Ylenia Gostoli, 'Basil al-Araj, Palestinian Activist, Buried in West Bank', *Al Jazeera*, 18 March 2017을 참고하라. [옮긴이] 바실 알아라즈는 팔레스타인 자치정부의 협조로 이스라엘 점령군에 살해당했다.

저항 세력 블록 간의 관계가 이보다 더 좋았던 적은 없었다. 알아크사 홍수 작전은 합동작전실에서 출발했을 뿐 아니라 하마스 지도부가 PFLP 지도부 (및 그보다는 덜하지만 DFLP 지도부)와 상의한 결과 탄생한 것이다. 그들은 협상에서 제시할 요구 사항에서부터 외부 행위자에 대한 접근 방식에 이르는, 이 고통스러운 과정의 모든 단계를 함께 계획했다.[29] 만일 지난 몇 년간 사람들을 잔혹하게 대했던 권위주의 세력이 있다면, 그것은 다에시이다. 가자 지구에는 이러한 극단주의적 살라피Salafi 지하드주의자들이 발 붙일 여지가 전혀 없다. 그런 시도가 있을 경우, 하마스가 물리칠 것이기 때문이다. 다시 한번 말하지만, 이렇게 말한다고 해서 하마스 치하의 가자 지구가 민주주의의 천국이라는 것은 아니다. 포위된 상황에서 그런 것이 어떻게 가능할 수 있겠는가? 다만 [옮긴이: 일반적으로] 권위주의로 기울어지기 더 쉬운 조직은 전면적인 독재적 디스토피아에 빠지기 쉽다는 점을 지적하고 싶다. 시시 정권의 경찰 국가와 아바스Abbas 경찰 왕조

---

29 합동작전실은 Abdeladi Ragad, Richard Irvine-Brown, Benedict German and Sean Seddon, 'How Hamas Built a Force to Attack Israel on 7 October', BBC, 27 November 2023에서 부각되었다.

만으로도, 이러한 일반론을 충분히 증명할 수 있을 것이다.

이제 마지막으로 종파적 조작이라는 비난에 대해 생각해 보자. 솔직히 종파적 조작이 무엇을 의미하는지, 나는 모르겠다. 팔레스타인 민족 내에 종파적 분립이 존재한다면 그것은 다수를 차지하는 이슬람교도와 소수를 차지하는 기독교도 사이일 것이다. 그러나 가자 지구 안에서 하마스 공동체와 기독교 공동체의 관계는 훌륭하다(다시 한번 말하지만, 그것과 관련하여 할 이야기가 무궁무진하다). 심지어 최근에는 《하레츠》조차도 이런 상황을 인정한 바 있다.[30] 지난 수십 년 동안 중동은 크게 수니파와 시아파로 분열되어 있었다. 그리고 알아크사 홍수 작전이 (특히 이 분열에 만성적으로 취약한 국가인 레바논에서) 이 분열을 치유하는 데 최근의 기억 속에 남아 있는 그 어떤 다른 사건보다 더 많은 기여를 했다는 공감대가 형성되어 있다. 만일 카미네르가 정치적 파벌들 간의 조작을 염두에 두고 있다면, 하마스는 국가적 통일을 확보하려는 노력에 있어서 [이슬람] 지하드에 버금간다고 말하겠다. 모든 화해 시도와 팔레스타인 해방 기구의 재

---

30 Etan Nechin, "'Our Future Is Here': Christians in Gaza Are Paying an Unholy Price for Israel-Hamas War", *Haaretz*, 21 April 2024.

건 시도를 망쳐 온 것은 당연하게도 파타당 지도부다. 마르완 바르구티가 가능한 대안이라는 카미네르의 제안에는 나도 동의한다. 바르구티를 감옥에서 꺼내올 수 있다면 그보다 더 기쁜 일은 없을 것이다. 그러나 여기서 얄궂은 점은 바르구티와 하마스 사이의 관계가 지난 몇 년 동안 그 어느 때보다 더 가까워졌다는 것이다. 이것은 공공연한 사실이다. 오래전부터 점령군과 협상할 때마다 하마스가 제시한 최우선 요구가 바르구티의 석방이었다는 사실이 가장 큰 증거일 것이다. 바르구티(및 아흐메드 사다트Ahmed Sa'adat)를 석방하라는 요구는 알아크사 홍수 작전 이전부터 이어져 왔다.[31] 알아크사 홍수 작전이 시작되었을 때 그 전술의 일차적 목표는 포로를 생포하는 것이었다. 그럼으로써 저항 세력은 점령군을 압박해 그들의 감옥문을 열고 그 누구보다도 바르구티를 석방시킬 협상력을 높일 수 있을 터였다. 바르구티는 여전히 감옥에서 시들어 가고 있다. 그러나 그동안 단 한 번이라도 바르구티를 감옥에서 꺼낼 기회가 있었다면 그것은 바로 알아크사 홍수 작전이었고, 네타냐후 정부가 포로들에게 신

---

31 예를 들어 Khaled Abu Toameh and Tovah Lazaroff, 'Hamas Demanding Release of Barghouti and Sa'adat in Prisoner Swap', *Jerusalem Post*, 7 May 2020 참고.

경을 쓰는 한, 지금도 그러하다. 바르구티도 이러한 사실을 인지하고 있을 것이다. 바르구티가 팔레스타인의 만델라가 될 것이라는 희망을 품어 보자. 그러나 감옥에서 나온 바르구티가 하마스의 적일 것이라는 착각은 하지 말자.

맹세를 지키자

지난 한 달 동안, 나는 뉴욕에서 친팔레스타인 운동에 몰두했다. 이 운동과 관련하여 그리고 이 운동이 얼마나 위대했는지와 관련하여 할 이야기가 무궁무진하지만, 다음 하나만 소개하려고 한다. 나는 글로벌 북반구에서 수십 년동안 친팔레스타인 운동에 몸담아 왔다. 그러나 사람들이 이와 같이 확고하게 저항 세력을 지지하는 모습을 본 적은 없었다. 아부 오베이다의 실루엣이 뉴욕시립대학교CUNY 야영지 위를 맴돌았다. 어디에서나 붉은 삼각형[32]을 만나 볼 수 있었다. [2024년] 5월 18일, 뉴욕 경찰NYPD이 폭력적으로 진압한 브룩클린 시위에서는 히잡을 쓰지 않은 젊은 여성들이 알카삼 여단과

---

32 [옮긴이] 친팔레스타인 운동에서 저항의 상징으로 사용하는 표식으로 하마스가 공개한 이스라엘 점령군에 대한 군사작전 영상에서 표적을 붉은 역삼각형으로 표시한 것에서 비롯되었다.

PFLP 배지를 달고 행진했다. 아부 오베이다, 야히야 신와르, 모하메드 데이프, 아흐메드 사다트의 사진을 담은 피켓과 배너가 나부꼈다. 피켓에는 다음과 같은 구호가 담겨 있었다. '식민화된 사람들의 저항은 정당하다' '부정의가 판을 치는 곳에서 저항은 의무다' '모든 순교자에게 힘을. 팔레스타인 저항 세력이여 영원하라' 런던의 거리나 베를린의 거리에서는 이 정도 규모의 시위를 보지 못했을 것이다. 우리가 이 상황을 개탄스러워 해야 할까? 나는 이 상황을 급진화가 가장 필요한 곳, 즉 제국의 심장부에서 등장한 급진화를 상징하는 눈부신 표식으로 여긴다. 나는 이 세대의 활동가들이 저항 세력으로부터 불굴의 정신을 물려받아 아무리 억압적인 국가와 맞닥뜨리더라도 계속해서 밀고 나가기를 바란다. 동일한 측면에서 내 생각에 저항 세력에 대한 가장 그럴듯한 접근법은 노라 배로우스프리드먼Nora Barrows-Friedman, 알리 아부니마Ali Abunimah를 비롯한 〈일렉트로닉 인티파다〉의 동지들이 하루도 빠짐없이 해 온 일이라고 생각한다. 특히 존 엘머Jon Elmer는 최고의 정보를 담은 논평을 매일 제공해 왔다.[33] 누구도 그것을

---

33 〈일렉트로닉 인티파다〉 웹사이트와 특히 팟캐스트를 참고하라. 이 사이트 외에도 존 엘머의 논평 대부분을 그의 X 계정을 통해서도 접근할 수 있다.

놓쳐서는 안 될 것이다.

바로 이것이 현재 돌아가는 상황이다. 당연하게도 상황은 언제든 변할 수 있다. 동지라면 서로에게 비판적이어야 할 뿐 아니라 수정에 대해서도 열린 마음으로 받아들여야 한다. 누구도 가자 지구의 저항 세력이 피에 흠뻑 젖고, 그 반대쪽으로 비어져 나온 파벌이 광기에 물들어 (PFLP와 DFLP는 실행했지만 하마스와 지하드는 실행하지 않은 작전인) '대외 작전'[34]을 부활시키고 보다 더 해로운 형태의 이슬람교로 선회할 가능성을 배제할 수 없다. 그러면 저항 세력과의 연대는 재평가되어야 할 것이다. '해방이라는 미명하에 팔레스타인이 수행하는 모든 것에 대한' 역사를 초월한 '전면적인 승인에 매달려서는 안 된다'는 카미네르의 지적은 올바르다(나는 절대로 아부 니달[35]을 달가워한 적이 없다). 그러나 현재 벌어지고

---

34 [옮긴이] 하마스와 이슬람 지하드는 역사적 팔레스타인(이스라엘+피점령지 팔레스타인) 바깥에서는 군사작전을 실행하지 않는다. 하마스가 강조하듯, 이슬람주의 운동들은 오직 이스라엘만을 타깃으로 하며 역사적 팔레스타인의 해방에만 집중하는 민족해방운동이기 때문이다. 그에 반해 좌파들(PFLP, DFLP)은 시온주의만이 아니라 아랍 국가의 왕정, 군부독재에도 맞서 싸우기에 대외 작전을 실행했다.

35 [옮긴이] 아부 니달 조직Abu Nidal Organization, ANO으로 더 잘 알려진 팔레스타인 무장 세력 파타: 혁명위원회Fatah: The Revolutionary Council의 창립자. 1970년대와

있는 집단학살의 역사적 무게를 고려하고, 가자 지구에서 벌어지고 있는 필사적인 저항의 본질을 고려해 볼 때(서안 지구 북부를 잊어서는 안 될 것이다), 나는 이 상황이 오히려 정반대의 상황이라고 생각한다.

잔인한 압제에 맞선 저항과 생존과 자유를 위한 투쟁에 대해 언급할 때 과거의 일에 연연해야 할까? 마음 편히 향수에 젖을 만큼 거리를 두면 만족스러울까? 우리는 흑표범당 Black Panthers의 사진집을 만들고 맬컴 엑스의 모습으로 벽을 장식한다. 그렇다면 PFLP의 사진집을 만들고 아부 오베이다의 모습으로 벽을 장식하지 못할 이유는 무엇인가? 혁명 정치는 과거에 대한 방침인가 아니면 우리가 언급하는 실제 투쟁에 대한 방침인가? 종속된 사람들이 해방을 추구해 온 수천 년 역사에서 등장했던 영웅들은 존경하면서도 전차를 향해 달려 나가 손에 든 폭탄을 던지는 팔레스타인 전투원들을 존경하지 못하는 근거는 무엇인가? 그들이 우리의 만신전에 들어가서는 안 되는 이유는 무엇인가? 내가 볼 때 그 이유는 두 가지다. 사실상 우리가 자유를 향한 투쟁에 진지

1980년대 전투성이 최고조에 달했을 때 ANO는 팔레스타인 단체 가운데서도 가장 무자비한 단체로 간주되었다.

하게 동참하지 않고 있거나 팔레스타인 사람들의 목숨을 싸워서 지켜야 할 만한 가치가 있다고 여기지 않는다는 것이다. 이런 이유가 아니라면, 용감하게 메르카바 전차 코앞까지 접근해 전차를 폭파하는 전투원들이야말로 오늘날 지구에 둘도 없는 영웅으로 간주되어야 한다. 이 싸움이 철저한 패배로 끝나 가자 지구 및 그곳 사람들 그리고 그 너머까지 완전히 파괴될지도 모르겠다. 그러나 그때까지 우리 가운데 상당수는, 뉴욕의 거리에서 내가 들었던 것처럼 맹세를 지키고 저항 세력을 지지할 것이다.

전투원들에 대한 비난에 대하여

바시르 아부마네는 〈자코뱅〉을 통해 나의 블로그 게시물에 대한 또 다른 반론을 제기했다. 그 글에서 아부마네는 팔레스타인 저항 세력 일반과 특히 하마스에 대한 반론을 제기한다. 아부마네는 다음과 같이 말한다. '안드레아스 말름에 따르면 알아크사 홍수 작전은 제1차 인티파다보다 더 많은 것을 성취했다. 왜냐하면 팔레스타인 사람들이 돌 대신 군사 무기를 사용할 수 있게 되었기 때문이다. 그러나 그것은 인티파다가 팔레스타인 역사상 가장 거대한 자기 조직적 반식민지 대중운동이었고 이스라엘로부터 전례 없는 정치적 양보를 받아냈다는 점을 무시한 것이다.'[36] 그러나 나는 제1차 인티파다의 결과에 대해서는 물론이고 알아크사 홍수 작전의 결과에 대해서도 전체적인 정치적 득실을 따져 본 것이 아니었다. 내가 언급했던 것은 팔레스타인에서 일어난 어떠한 봉기도 2023년 10월 7일의 사건만큼이나 크게 미국-이스라엘의 군사적 우위를 무력화한 적이 없었다는 것뿐이다. 제1차 인티파다는 팔레스타인 정치 분야에서 내가 처음으로 매료된 사건이었다. 1987년 12월 8일에 시작되어 5년 동안 이어진 제1차 인티파다는 가시적인 결과를 이끌어냈다. '게토가 된 가자 지구에서 일어난 봉기 The Gaza Ghetto Uprising'[37]라는 글에서 아디 칼라이의 분석은 타의 추종을 불허한다. 거기에서 칼라이가 주장한 것처럼, 어쩌면 우리는 제1차 인티파다 때와 마찬가지로 10월 7일의 사건이 어떻게 전개되어 결국 어떤 결과로 이어지는지를 확인하기 위

---

36 Bashir Abu-Manneh, 'The Palestinian Resistance Isn't a Monolith', *Jacobin*, 28 April 2024[원문 jacobin.com/2024/04/gaza-left-hamas-occupation-war-solidarity].

37 [옮긴이] brooklynrail.org/2024/05/field-notes/The-Gaza-Ghetto-Uprising

해 앞으로 5년을 더 기다려야 할지도 모른다. 10월 7일의 사건이 이전에 일어났던 혁명적인 사건들보다 더 많은 것을 팔레스타인 민족에게 가져다줄 것인지를 지금 말하기는 너무 이르다. 그러나 그럴 가능성을 배제할 수는 없다. 요즘 들어 시온주의 식민 당국의 활력이 [옮긴이: 예전만] 못해 보이기 때문이다.

그러나 아부마네가 제기한 보다 더 중요한 반론인 집단학살은 어떤가? '사실 하마스가 보다 더 많은 것을 성취했다고 주장하는 것은 그들의 군사 공격이 팔레스타인 민족에 대한 거대한 대량학살을 촉발했다는 사실을 완전히 무시하는 것이다.' 아부마네가 제기한 반론의 요지는 집단학살에 대한 책임이 하마스에 있다는 것이다. 그리고 알아크사 홍수 작전이 이 참사를 촉발했으므로 그 작전을 실행에 옮겨서는 안 되었다는 것이다. 이스라엘의 대응을 감안해 볼 때, 10월 7일의 사건은 실수였다는 것이다. 이와 동일한 논리대로라면 파리 코뮌은 절대로 일어나서는 안 되는 일이었다. 그 결과 약 2만에서 3만 명의 코뮈나르Communards와 그 밖의 다른 파르티잔들이 학살당했기 때문이다. 또한 볼셰비키는 권력을 장악하면 안 되었다. 왜냐하면 그들이 광란의 집단학살과 유럽에서의 파시즘의 등장, 그리고 궁극적으로 유대인 말살 계획Endlösung을 촉발했기 때문이다. 또한 이집트 사람들이 호스니 무바라크Hosni Mubarak의 통치에 그냥 굴복할 수 없었던 이유는 무엇인가? 이 외에도 많은 사례가 존재한다. 지극히 과도한 탄압에 대한 책임을 피해자 탓으로 돌리는 것은 희생된 사람들과 전투원들을 비난하는 것일 따름이다. 그것은 자유를 추구하는 사람들에게 지배를 유지하려는 광란의 시도에 대한 책임을 묻는 것이나 다름없다.

2023년 10월 7일 오전 이후, 이스라엘 국가는 다른 방식으로 행동할 수 있었다. 이스라엘 국가는 저항 세력이 장악한 영토를 재정복할 수 있었다. 이스라엘 국가는 가자 지구 국경에 이르는 모든 땅을 수복한 뒤 포로 교환 협상에 나설 수 있었다. 팔레스타인 사람들이 올린 전과를 무효로 되돌리고 이 적과 협상하여 인질을 되찾아올 수 있었다. 그러나 이스라엘 국가는 이렇게 행동하는 대신 집단학살에 뛰어들었다. 이것은 그 어떤 팔레스타인 측 행위자의 탓도 아니다. 이스라엘 국가가 집단학살을 벌인 유일한 이유는 증오심이다.

즉, 팔레스타인에 대한 영유권을 주장하는 팔레스타인 사람들이 모여 있는 가자 지구에 대한 기존의 증오심, 그곳에 집중되어 있는 팔레스타인 민족에 대해 1948년 이후부터 키워 온 한없는 증오심(이와 관련한 증거는 차고 넘친다), 그리고 가장 근본적으로는 처음부터 시온주의 프로젝트를 자극했던, 팔레스타인에 팔레스타인 사람들이 존재한다는 것 자체에 대한 불타는 증오심이 그 이유였다.[38] 본문에 수록한 글의 요지는 아부마네의 주장과 정반대였다. 즉, 사실 이 집단학살의 원인은 매우 깊은 곳에 자리 잡고 있고, 바로 그것이 팔레스타인 저항 세력이 저항하는 대상이라는 것이다.

---

38 가자 지구 사람들에 대한 시온주의자들의 증오와 가자 지구에서 팔레스타인 사람들을 몰아내려는 초기의 갈망에 대해서는 장피에르 필리유Jean-Pierre Filiu의 훌륭한 저서 *Gaza: A History* (London: Hurst, 2014)를 참고하라.

이스라엘 로비 문제[1]

에드 맥널리 Ed MaNally[2]

2017년, 런던 주재 이스라엘 외교관이 당시 영국 외무부 장관이었던 앨런 던컨Alan Duncan에 대한 조치를 요구하는 장면이 녹화되었다. 얼마 뒤 던컨 장관은 외무부 고위 공직자에게 그 사실을 털어놓고는 그 대화 내용을 일기장에 남겼다. "나는 장관으로 취임한 첫날 그에게 말했던 내용을… 집요하게 일깨웠다. '사이먼… 내가 말하지 않았습니까? 이스라엘의 보수파 친구들Conservative Friends of Israel, CFI과 이스라엘 사람들은 자기들이 외무부를 통제한다고 생각한다는 말입니다. 실제로도 그렇고요!'"

좌파 일각에게는 던컨 장관이 토로한 불평 같은 것이 이스

---

[1] 수록을 허락한 〈자코뱅〉의 바스카 순카라에게 감사드린다.
원문: jacobin.com/2024/05/isreal-lobby-western-strategic-interests

[2] 에드 맥널리는 영국 옥스퍼드 대학교 박사과정에 재학 중이며 노동조합 정치 담당 책임자이다.

라엘과 이스라엘이 벌이는 로비의 전능함을 그릇되게 전파하는 음모론의 전형적인 사례에 불과하다. 이와 같이 이스라엘 로비설을 반대하는 사람들은 개의 꼬리가 몸통을 흔들 수 없다고 주장하면서 이스라엘은 과거와 현재 그리고 영원히 미국의 전략적 이익에 복무하는 존재라고 말한다.

영국 논평가 데이비드 웨어링David Wearing은 다음과 같이 기록했다.[3] '미 제국의 권력에 기여하는 이스라엘의 가치(세계에서 지정학적으로 중요한 지역에서 신뢰할 수 있고 강력한 군사력을 지닌 동맹국으로서의 가치)는 전적으로 명백하므로 굳이 로비를 벌여 그것을 이해시킬 필요가 없다.' 지난해 발간된 이스라엘의 로비 활동에 대한 (단행본 분량의) 연구 보고서[4]에서 학자인 힐 아케드Hil Aked도 유사한 주장을 펼쳤다. 이스라엘에 대한 지원은 미국의 국익에 반하고 이스라엘이 벌이는 로비가 이 왜곡을 불러왔다는 제안은 '문제적'인 것으로, 기껏해야 곡해된 '진보적 민족주의'이고 나쁘게는 '외국인 혐오를 조장'할 가능성이 있는 제안이라는 것이다. 그러나 이것들은

---

3 novaramedia.com/2019/02/14/aipac-is-not-the-reason-for-us-israeli-ties/

4 versobooks.com/en-gb/products/723-friends-of-israel

구체적인 상황에 대한 구체적인 분석이 결여되어 있는, 사전에 결정된 정치 담론에 불과하다.

이와 유사하게 최근 안드레아스 말름은 (가자 지구에서 벌어지고 있는 집단학살과 식민지 참사 및 생태 참사가 결합된 역사 속 선행 사례를 다루는) 글의 상당 부분을 이스라엘 로비설을 부인하는 데 할애했다. 말름은 '이스라엘은 영국이 손에 쥐고 흔들었던 도구였고 이제는 미국이 손에 쥐고 흔드는 도구가 되었다'라는, 사이드 하산 나스랄라의 주장에 동의한다. 말름은 '이스라엘 로비설이라는 비틀린 설명'을 '제국이 식민 당국을 도구로 삼았다는 이론'과 대비한 뒤, 후자의 입장을 옹호하면서 '먼 과거뿐 아니라 가까운 과거 및 현재에서 비롯된 증거'가 그것을 입증한다고 주장한다.

그러나 이스라엘 로비설을 부인하는 이러한 주장은 분석적인 측면과 전략적인 측면 모두에서 한계를 드러낸다. 이러한 논거들에 의해 빚어진 세계에서는 이스라엘에 대한 무조건적인 지원이 이미 형성되어 있고, 그것이 기본적으로 변함없는 미 제국의 이익에 항상 복무한다. 그러나 이러한 주장의 토대는 이스라엘에 대한 미국 엘리트들의 이데올로기적 애착을 충실하게 반영하는 추정에 불과하다. 이렇게 고정된 제국의 이익은 종종 당연한 것으로 받아들여지고, 그것을 입증할 수 있는 증거나 엄격한 조사는 모두 미국 지도자들의 입장 표명으로 대치된다. 따라서 말름은 오랫동안 간직해 온 관점[5]을 앵무새처럼 되풀이하는 조 바이든의 발언을 곧이곧대로 믿는다. "이스라엘이 없었다면… 미국이 직접 나서서 이스라엘을 **발명해내야 했을** 것입니다." 따라서 식민 당국은 엇나가지 않고 제국에 효과적으로 복무한다.

미 제국을 이끄는 몇몇 지도자의 선별된 발언을 통해 현존하는 미 제국의 이익을 확인하는 방식에는 많은 위험이 도사리고 있다. 가장 명백한 것은 미국 지도자들은 전략적 오산을 범하여 쉽게 파멸을 불러올 뿐 아니라 무엇보다 그들이 관리하는 제국의 이익에 대한 그릇된 개념을 고수하는 데 능하다는 것이다. 일반적으로 이것을 우리가 받아들이기는 어렵지 않다. 예를 들어, 조지 W. 부시 대통령이 이라크를 침공한 이유로 추정되는 제국의 이익에 대해서는 다양한 가짜 유물론pseudomaterialist 이론들이 존재하지만, 그 전쟁과

---

5 c-span.org/clip/senate-highlight/user-clip-joe-biden-were-there-not-an-israel-the-usa-would-have-to-invent-an-israel-to-protect-her-interest-in-the-region/4962369

아마도 보다 광범위하게는 9/11 테러 이후에 나타난 모험주의가 미국의 권력에 절대적으로 부정적으로 작용했다는 문제를 제기하는 사람은 거의 없다. 바로 여기에 파멸을 불러오는 이데올로기적 십자군이 존재한다. 그리고 그 바탕에는 세계를 충격에 빠뜨릴 군사적 개입의 잠재력에 대한 자멸적인 오만이 자리 잡고 있다.

다시 말해 오늘날 조 바이든을 필두로 하는 미국의 많은 지도자들은 이스라엘이 제국의 효과적인 전초기지이자 가치 있는 투자처라는 확고한 믿음을 가지고 있다. 그러나 그들의 판단은 잘못된 것일 수 있다. 제국의 통치자들이 가지고 있는 전략적 자아 개념에 문제를 제기하는 것은 로비설에 단호하게 반대하는 한 사람이 말한 것처럼 '절멸주의자들에게 그들의 셈법이 틀렸다고 속삭이는' 문제[6]가 아니라 적을 진지하고 통합적으로 이해하자고 주장하는 문제이다. 이것은 언젠가 패리 앤더슨이 주장한 것처럼 '불확실한 의욕을 북돋우기 위한 공고'보다도 (일반적으로 더 가치 있는) 주장이다.

---

[6] ebb-magazine.com/essays/misreading-palestine

바이든의 발언을 곧이곧대로 받아들인다 하더라도 거기에는 또 다른 확연한 문제가 뒤따른다. 바로 수조를 떠다니는 오리를 낚는 게임처럼 자신의 필요에 맞는 발언을 편의적으로 선택할 수 있다는 문제가 그것이다. 이스라엘이 미국의 주요 전략적 자산이라는 사실이 가장 분명하게 나타난 냉전 시대에 있었던, 그 논거와는 정면으로 모순되는 것으로 보일 수 있는 1975년 헨리 키신저의 발언[7]을 생각해 보자. "이스라엘의 힘은 아랍 세계에서의 공산주의 확산을 막지 못한다. … 따라서 아랍 세계에서 공산주의의 확산을 막는다는 이유로 강한 이스라엘이 미국의 이익에 복무한다고 주장하기는 어렵다. 이스라엘의 힘은 미국의 이익에 복무하는 것이 아니라 이스라엘의 생존을 뒷받침할 뿐이다." 오늘날 우리는 미 국무부가 바이든의 가자 지구 정책에 대해 크게 반대[8]한다는 점과 미국 '국가안보' 전문가들이 이스라엘에 대한 확고한 지지가 갖는 전략적[9] 위험에 대해 한목소리를

7 merip.org/1981/05/kissinger-memorandum-to-isolate-the-palestinians/

8 reuters.com/world/middle-east/some-us-officials-say-internal-memo-israel-may-be-violating-international-law-2024-04-27/

9 warontherocks.com/2023/12/reversing-americas-ruinous-support-for-israels-assault-on-gaza/

내고 있다는 점을 짚을 수 있다.

보다 더 근본적인 수준에서 볼 때, 이스라엘 로비설에 대한 좌파의 반대는 종종 제국의 권력에 대한 시대착오적이고 기계적인 관점에 의존한다. 첫째, 신념이 과잉된 정치 분야 (예: 제국주의 미국)에서 이데올로기 세력(예: 바이든의 굳건한 시온주의)은 제국의 패권적 지위[10]와 21세기에 제국이 생존하는 기간에 결정적으로 해롭게 작용하는 중대한 영향을 미칠 수 있다. 바로 이 영역이 이스라엘과 이스라엘 로비가 영향력을 발휘하는 영역이다.

둘째, 그 정의상 이스라엘에 대한 지원이 변함없는 미 제국의 이익에 항상 복무한다는 생각은 어떤 국면에 대한 이해가 부재할 경우에만, 즉 오늘날 미 제국이 작동하는 방식을 이론적으로나 경험적으로 파악하려는 시도를 전혀 하지 않을 경우에만 지속 가능하다. 오늘날 이스라엘이 미국 내 후원자들에게 유용한지 여부를 따져 볼 만한 근거는 무궁무진하다. 지중해 동부와 심지어 (이스라엘은 결코 많은 가치를 부여하지 않는) 페르시아만은 그 전략적 의의가 크

---

10 newleftreview.org/issues/ii146/articles/richard-beck-bidenism-abroad

게 줄어들었다.[11] 한편, 워싱턴(미국 정부)은 방위산업 역량이 저하되는[12] 가운데 세 가지 주요 전선(동유럽, 동아시아, 중동)에서 동시에 경쟁하려고 애쓰다가 제국의 과잉 팽창에 직면하고 있다.

오랫동안 악당으로 행세해 왔고 이제는 집단학살을 자행하는 이스라엘의 행태로 인해 우리는 페르시아만Arabian Gulf에서 이란과의 관계 개선을 통해 가능할 수 있는 보다 더 넓은 지역의 안정성, 즉 미국이 중동에 대한 군사개입을 편안하게 '축소'하는 데 필요한 안정성을 상상할 수 없게 되었다. 이와 관련하여 《왜 미국은 이스라엘 편에 서는가*The Israel Lobby and US Foreign Policy*》[13]에서 이스라엘의 전략적 중요성이라는 논거가 순환논리라고 주장한 존 미어샤이머와 스티븐 월트의 지적은 특히 적절해 보인다. "미국은 이스라엘을 이스라엘의 위험한 이웃들을 다루는 데 반드시 필요한 동맹으로 묘사한다. 그러나 미국이 이러한 국가들을 일단 위협으로 간주하는 중

---

11 tandfonline.com/doi/abs/10.1080/09636412.2021.1885727

12 economist.com/briefing/2023/02/19/the-west-is-struggling-to-forge-a-new-arsenal-of-democracy

13 [옮긴이] 《왜 미국은 이스라엘 편에 서는가》, 김용환 옮김, CRETA, 2024.

요한 이유는 미국이 이스라엘을 전폭적으로 지원하고 있기 때문이다."

마지막으로 (일반적으로 선의의 반反음모론적 경구로 사용되는) '개의 꼬리가 몸통을 흔들 수 없다'는 통념은 제국의 주변부와 전초기지가 본국metropolitan 중심부에 미친 역사적인 영향에 대해 초점을 맞춘 제국에 관한 연구에서 수십 년 동안 재해석해 왔던 내용을 무시한다. 주변부는 중요하다. 즉, 탄원하는 사람들만 전능하지 않은 것이 아니라 그 지배자들도 전능하지 않을 수 있다. "도대체 누가 초강대국이라는 겁니까?" 베냐민 네타냐후 이스라엘 총리를 만난 뒤 빌 클린턴 대통령은 자문가들 앞에서 절망감을 내비쳤다.

정치란 무엇인가? 서구 지도자들과 입법가들을 상대로 펼쳐지는 이스라엘의 로비 활동 대부분은 이스라엘을 지원하는 것이 그들의 국가의 전략적 이익에 부합한다고 설득(당근과 채찍)하는 데 집중되어 있다. 여론과 관련해서 이스라엘 로비 활동은 그 어느 때보다 더 어려운 과제에 직면해 있다. 가자 지구에서 자행하는 집단학살이 계속될 경우, 대부분 사람들이 팔레스타인 연대 운동의 요구를 수용하는 방향으로 기울 것이기 때문이다. 이러한 맥락에서 볼 때 이스라엘이 미국의 이익을 보증하는 신뢰할 만한 존재라는 말을 되풀이하는 바이든에게 동조하는 좌파는 정치적으로 어리석은 집단처럼 보인다.

이스라엘의 완전무결한 '통제'라는 음모론자의 관점은 우리를 맥 빠지게 하지만, 미 제국을 꿈쩍하지 않는 단일 조직체로 이해하는 낡아빠진 관념들 역시 우리의 진을 뺀다. 후자의 관념들은 팔레스타인을 시온주의로부터 구출해내려면 서구 문명이 완전히 몰락할 때까지 기다려야만 한다는 의미를 내포하는 거창한 수사를 동반하곤 하기 때문이다.

구체적인 분석에 따르면 이스라엘은 미 제국에 전략적 애물단지로 전락하고 있다. 또한 그것은 지속적인 후원을 보장받기 위한 이스라엘의 로비 활동의 역할이 고조되고 있음을 시사한다. 그러나 미국과 이스라엘의 관계와 그 본질에 대해 우리가 도달한 경험적 이해는 어떤 의미에서는 부차적이다. 대중 정치라는, 강력하지만 지난한 활동에 관여하는 한, 좌파는 이스라엘에 대한 지원에 반대하는 윤리적이고 전략적인 논거를 발전시켜야 한다.

만일 팔레스타인에서 진행되고 있는 정착민 식민주의 프로젝트가 해체되어야 하는 것이라면, 우리의 과업 가운데 하나는 서구에서 이루어지고 있는 이스라엘의 로비 활동을 물리치는 것임이 틀림없다. 프란츠 파농은 다음과 같이 기록했다. "진실은 식민지 체제의 해체를 촉진하는 것이고… 선은 식민지 체제를 가장 아프게 하는 것이다."

이스라엘 로비설에 관한 몇몇 반론에 대한 재반론

'팔레스타인의 파괴는 지구의 파괴다'에서 이스라엘 로비설에 대해 비판하자 에드 맥널리가 〈자코뱅〉에 반론을 실었다. 맥널리는 이스라엘이 미국과 미 제국에게 골칫거리이기 때문에 이스라엘에 대한 미국의 전폭적인 지원은 이스라엘의 로비 활동이 발휘하는 영향력을 통해서만 설명될 수 있다고 주장한다. 아래 내용을 통해 맥널리에 대한 나의 재반론을 처음으로 제시해 본다.

에드 맥널리가 〈자코뱅〉에 '이스라엘 로비 문제'라는 제목으로 게시한 글은 이스라엘 로비설에 대한 나의 주장을 겨냥한 것이다. 내가 이스라엘을 발명해내야 했을 것이라는 조 바이든의 발언을 인용한 것에 대해서 맥널리는 나의 피상적인 경험론이 드러난 것이라고 불만을 토로했다. '미 제국을 이끄는 몇몇 지도자들의 선별된 발언을 통해 현존하는 미 제국의 이익'을 확인해서는 안 된다는 것이다.[1] 이는 다소

---

1 Ed McNally, 'The Israel Lobby Matters', *Jacobin*, 8 May 2024.

특이한 반론이다. 왜냐하면 맥널리도 대체로 경험론적 방법론을 토대로 이스라엘 로비설을 재진술하기 때문이다. 맥널리야말로 제국을 대변하는 (키신저에서 클린턴에 이르는) 다양한 인물들의 발언을 선별적으로 인용하여 이를 이스라엘 로비 활동의 전능함의 증거로서 제시한다. 내가 바이든의 발언을 인용한 이유는 그것이 2세기에 걸쳐 이스라엘을 사실상 이데올로기적 및 물리적으로 발명해냈다는 맥락에서 가장 최근에 나온 발언이기 때문이었다. 바이든의 발언은 중요하다. 1840년 이후 역사의 움직임을 정확하게 표현하기 때문이다. 그 방대한 역사에는 이스라엘의 로비 활동에도 흔들리지 않았던 많은 주체들, 즉 최초의 [옮긴이: 후원자였던] 대영제국에서부터 1948년 이후 이스라엘의 주요 후원자가 되었고 명백한 이유 때문에 이스라엘의 로비 활동이 존재하지 않았던 서독에 이르는 주체들이 등장한다. 따라서 오컴의 면도날 원칙에 따르면, 이스라엘 로비설은 애물단지로 전락한다.[2]

2　1948년에서 1967년 사이(및 당연하게도 그 이후에) 서독이 이스라엘을 위해 수행한 일에 대해서는 대니얼 마웨츠키Daniel Marwecki의 탁월한 저서 *Germany and Israel: Whitewashing and Statebuilding* (London: Hurst, 2020)을 참고하라.

그러나 맥널리는 자신의 핵심 신조, 즉 이스라엘은 외부 행위자가 미국에 억지로 떠맡긴 골칫거리로, 이스라엘과의 동맹은 미국에게는 자해 행위나 다름없다는 신조를 열렬하게 재천명한다. 시온주의 식민 당국 일반 및 특히 그들의 현재의 행태는 미국의 이익에 부합하지 않는다. 그러므로 이스라엘의 로비 활동은 워싱턴(미국 정부)을 계속해서 궁지로 몰아넣어 미국이 이스라엘을 계속해서 지원하도록 만들어야만 한다. 미국 지도자들은 이와 같은 지원이 미국의 이익에 부합한다고 **생각할지** 모르지만, 맥널리는 그렇지 않다고 생각한다. 맥널리는 다음과 같이 기록한다. '미국 지도자들은 전략적 오산을 범하여 쉽게 파멸을 불러올 뿐 아니라 무엇보다 그들이 관리하는 제국의 이익에 대한 그릇된 개념을 고수하는 데 능하다.' 가다 카르미가 사용했던 유비를 이용하여 맥널리는 이라크 침공이 '미국의 권력에 절대적으로 부정적으로 작용했다'고 주장한다. '바로 여기에 파멸을 불러오는 이데올로기적 십자군이 존재한다. 그리고 그 바탕에는 세계를 충격에 빠뜨릴 군사적 개입의 잠재력에 대한 자멸적인 오만이 자리 잡고 있다.'

여기서 두 가지 논점이 하나로 합쳐진다. 첫째, 어떤 행동이 제국에 절대적으로 부정적으로 작용하는 것으로 판명된다면, 미국의 진정한 이익은 그 행동을 초래한 원인이 아닐 것이다. 둘째, 어떤 정책이 계속해서 역효과를 내고 미국의 이익에 반한다면, 그 정책은 외부(예: 이스라엘 로비 활동의 역할)로부터 비롯된 것임에 틀림없을 것이다. 이제 첫 번째 논점부터 살펴보자. 첫 번째 논점의 논리는 제국에 장기적인 이득을 가져다주는 행위만이 제국의 이익에 부합할 수 있다는 것이다. 다시 말해, 그 과정에서 무언가 잘못된다면, 그 잘못을 초래한 다른 무언가가 반드시 존재한다는 것이다. 이 논리에 따르면 소비에트 연방에 절대적으로 부정적으로 작용한 아프가니스탄 침공은 소비에트 연방의 이익 때문에 벌인 일이 아니라 크렘린(소비에트 연방 정부)의 보다 더 고위급에 교묘하게 숨어든 외부의 존재가 지도부를 속여 그토록 자기 파괴적인 행동에 나서게 만들었기 때문이다. 그렇다면 지금부터 우리는 파라오가 통치하던 이집트 시대부터 이어져 온 제국의 역사를 재작성해야 할지도 모른다. 우리는 [옮긴이: 제국이] 과잉 팽창한 또는 [옮긴이: 제국이] 실패한 모든 사례에 대해 로비가 영향을 미쳤기 때문이라고 재해석해야만 한다. 어쩌면 처음부터 줄곧 이스라엘이었을까? 아니라면 여기서 우리는 몹시 비변증법적 이익 개념을 다루고 있는 것일 게다. 우리는 이 논리를 제국 이외의 현상에 적용해 볼 수 있다. 예를 들어, 우리는 금융화가 자본의 이익에 절대로 부합할 수 없다고 결론 내려야 할 것이다. 왜냐하면 금융화가 위기를 유발할 가능성이 높은 금융 불안정성을 창출했기 때문이다. 어쩌면 2124년에 살아남은 일부 생존자들은 화석연료가 자본주의 생산양식의 이익에 절대로 부합할 수 없다고 주장할 것이다. 왜냐하면 지구 온난화가 결국 자본주의적 생산양식마저 파괴했기 때문이다. 즉, 자본주의적 생산양식에 혼선을 빚은 로비가 틀림없이 존재했을 것이라는 말이다.

이러한 주장들을 이끄는 논리는 분석적 붕괴를 초래한다. 그러나 그 덕분에 우리는 핵심 범주, 즉 이익이라는 범주를 명확하게 정의할 수밖에 없게 되었다. 무언가가 제국의 이익에 부합한다는 언급은 무엇을 의미하는가? 나는 우리가 다음과 같은 것을 염두에 두고 있다고 생각한다. 바로 내부에서 생성된 동학에 의해 추진되는 정치 프로젝트, 즉 오랜

기간에 걸쳐 작동하지만 각 국면에 응축되어 있고 제국의 지배계급의 행동과 사상을 통해 표현되는 정치 프로젝트로서 제국의 권력을 방어하고 확장하며 (우리가 미국 같은 자본주의 제국을 다루는 한) 최종적으로는 자본 축적, 특히 본국 metropole에 토대를 둔 자본(예: 미국 자본)의 축적을 증진하는 정치 프로젝트 말이다. 이익에 대한 이러한 정의는 [옮긴이: 그 정치 프로젝트의] 작동 불량이나 [옮긴이: 그 정치 프로젝트에 따라온] 불행과 선명하게 양립할 수 있다. 제국의 이익에 부합할 수 있는 프로젝트라도 시간이 지남에 따라 제국의 이익을 가장 크게 훼방 놓는 것으로 돌변할 수 있다. 이것이 이스라엘이 미국을 위해 수행해 온 일인가? 분명 이 문제는 아직 확실하지 않다. 맥널리는 1967년에서 2024년 사이에 이스라엘이 수행했던 일이 미 제국의 권력에 이익이 되기보다는 해가 되었다고 확신하고 있는 것처럼 보인다. 그러나 그 근거가 무엇인지 나는 모르겠다.

맥널리는 중동이 전략적 의의를 상실했다고 말한다. 이 주장을 뒷받침하는 근거는 미국이 이 지역을 포기하는 것이 더 나을 것이라고 주장하는 두 명의 현실주의 학자[존 미어샤이머와 스티븐 월트]가 작성한 논문으로 추정된다. 로비설의 매력에 빠진 좌파는 현실주의자에게 매료되는 경향이 있다. 그러나 그렇지 않은 우리에게는 오히려 미국이 앞으로도 계속 중동에 막대하게 투자를 계속할 것처럼 보인다. [그렇지 않은 우리에게는] 이 지역으로부터 등을 돌리고 이곳을 포기하자는 모든 이야기는 시기상조로 판명된 것처럼 보이고, 러시아와 중국 사이의 긴장 고조가 신경중추로서의 이란을 비롯한 세계 일부에서 제국주의 간 경쟁을 격화시킬 것처럼 보인다. [그렇지 않은 우리에게는] (공화당 대통령이 집권하든 민주당 대통령이 집권하든 관계없이) 미국이 시온주의 식민 당국을 가장 반동적인 걸프만의 자본과 통합함으로써 중동에 대한 지배를 매듭지으려고 하는 것처럼 보인다. 그러나 다시 한번 말하자면, 그럼에도 불구하고, 이러한 양상에 대한 경험적인 세부 사항은 새롭게 연구되고 갱신되어야 한다. PFLP 및 나머지 저항 세력의 오래된 이론은 오직 이정표만을 제시할 뿐이다. 그렇더라도 내게는 이러한 이론들이 이익의 수렴을 공리적으로 배제하는 로비설에서 나온 어떤 이론보다도 더 이치에 맞고 더 생산적인 것으로 보인다.

이 공리를 강화하기 위해 맥널리는 제국을 확장하는 추진력은 절대로 본국metropole 내부가 아니라 멀리 떨어져 있는 전초기지에서 작동했다고 주장해 온 역사수정학파의 대영제국 연구 결과를 에둘러 언급한다. 즉, 사실 런던(영국 정부)에서는 주변부에 개입할 의향 또는 그 개입을 통해 얻을 이익이 없었는데, 주변부에 자리 잡은 식민자들이 영국을 끌어들여 해외에서 모험에 나서게 만들었다는 것이다. 이 글은 대영제국의 역사를 환상적으로 재해석한 이 이야기의 결함을 파훼할 목적으로 쓴 것이 아니지만, 위에서 제시한 역사적 자료만으로도 이 이야기의 몇 가지 오류를 어렵지 않게 발견할 수 있을 것이다. 그러나 맥널리는 역사수정학파의 [옮긴이: 연구 결과를] 발판 삼아 이스라엘 로비설의 구조를 제국의 작동 방식을 설명하는 일반화된 모델, 심지어 초역사적인 모델로 승화시키고자 한다. 개의 꼬리가 정말 몸통을 흔드는 것이다. 그리고 사실, 이스라엘이 미국의 이익에 부합하지 않는다면, 서안 지구 점령이 이스라엘의 이익에 부합하지 않는다고도 주장할 수 있다(일부 자유주의적 시온주의자들은 그렇게 주장한다). 그렇다면 서안 지구 점령은 시온주의 프로젝트에서 유래한 것이 아니라 해외의 로비 활동(정착촌의 로비 활동 또는 어쩌면 이스라엘이 이스라엘을 상대로 벌이는 로비 활동?)에 의해 이식된 것이어야만 한다. 그리고 그렇다면 (부활한 호메쉬Homesh 정착촌과 같이) 가장 최근에 건설된 전초기지는 가자 지구 점령이라는 핵심 사업을 훼손하고 그 이익에 부합할 수 없다고 주장할 수 있다…. 이런 식이다. 여기서 우리는 주변부로의 무한 회귀에 빠져 버릴 수 있다. (가장 유력한 두 후보로 꼽히는) 미 제국이나 시온주의 프로젝트 모두 내생적인 추진력을 가질 수 없고 오히려 중심부에서 가장 멀리 떨어져 있는 세력이 쥐고 있는 목줄에 묶여 그들을 노예처럼 따르게 될 것이다. 이와 같은 과정을 통해 반제국주의 또는 반시온주의 (또는 다음 단계인 반자본주의) 중에서 무엇이 남을지, 나는 모르겠다.

마침내 맥널리는 뜬금없이 '구체적인 분석에 따르면 이스라엘은 미 제국에 **전략적 애물단지**로 전락하고 있다. 또한 이는 지속적인 후원을 보장받기 위한 이스라엘 로비 활동의 역할이 고조되고 있음을 시사한다'라고 주장하면서 결승점에 도달한다. 나는 이것이 정말 놀라운 진술이라고 생각한다.

초국적으로 조직된 집단학살이 최고조에 달했을 때 이스라엘은 제국의 전략적 애물단지로 전락할 수 있다. 그러면 이스라엘 로비설이 짊어지게 될 증명의 부담은 믿을 수 없을 만큼 크고 광대해질 것이다. 이것은 분석적 판단을 포기하는 것일 뿐 아니라 팔레스타인 마르크스주의와 결별하는 것이나 다름없다. 2024년 7월 18일, PFLP 정치국 구성원 오마르 무라드Omar Murad는 식민 당국이 '경찰이자 식민지 군사기지로 기능하여 미국과 유럽 제국주의의 패권을 보장하고 아랍 국가의 발전, 성장, 통합을 가로막는다'라는 고전적인 이론을 되새겼다. 1840년에 수립된 이 공식은 오늘날 '집단학살과 민족 청소'의 원인이 되고 있다.[3] 그러나 맥널리는 좌파, 이른바 미국 내 좌파를 지원한다는 명분을 내세워 자신이 고수하는 이스라엘 로비설에 일종의 진보적 근거를 부여한다. [옮긴이: 맥널리에 따르면] '이스라엘이 미국의 이익을 보증하는 신뢰할 만한 존재라는 말을 되풀이하는 바이든에게' 동조하는 일은 '정치적으로 어리석은 일'이다. 미국에 대한 애국심을 받들어 미국이 이스라엘을 내팽개치는 것이 더 낫

---

3   Omar Murad to Sawt al-Shaab Radio, Lebanon, 18 July 2024, *Resistance News Network*.

다고 주장하는 것이 보다 더 신중하고 효과적이다. 그러는 것이 더 많은 표를 얻는 데 도움이 된다. 적어도 〈자코뱅〉의 개량주의적 사회민주주의 이론가들은 맥널리의 주장에 동조할지 모르겠지만, 미국의 거리에서 벌어지는 팔레스타인 연대 운동의 최전선에 서 있는 사람들은 그럴 수 없을 것이다. 제국의 심장부에서 좌파가 수행해야 할 첫 번째 임무는 분명 제국을 가차 없이 비판하는 것이다. 제국의 진정한 이익을 가장 현명하게 해석한 척 가장하는 것은 절대로 가장 바람직한 레닌주의 전통이라고 할 수 없다.

그러나 문제는 여기서 끝이 아니다. 맥널리는 '미 제국을 꿈쩍하지 않는 단일한 조직체로 이해하는 낡아빠진 관념들'이 우리의 '진을 뺀다'고 생각한다. 그 이유는 특히 이와 같은 관념들이 '팔레스타인을 시온주의로부터 구출하기 위해서는 서구 문명이 완전히 몰락할 때까지 기다려야만 한다는 의미를 내포하는 거창한 수사를 동반하곤 하기' 때문이다. 여기서 우리는 홀로코스트에 대한 논쟁을 떠올릴 수밖에 없다. 홀로코스트가 서구 부르주아 문명의 산물이었나? 아니면 일반적으로 선한 서구의 본성에서 빗나간 순전한 일탈이었나? 당연하게도 프랑크푸르트 학파는 확고하게 전자의 편을 들었다. 서구 자본주의와 시온주의 프로젝트는 그것과는 정반대의 관점, 즉 홀로코스트는 절대적으로 예외적인 사건이라는 관점을 가지고 있다. 중요한 책인 《홀로코스트와 나크바: 트라우마와 역사의 새로운 문법》에 수록된 뛰어난 소논문 〈벤야민, 홀로코스트와 팔레스타인 문제〉에서 암논 라즈크라코츠킨은 그러한 이데올로기적 통합의 함의를 파악해낸다. 라즈크라코츠킨은 발터 벤야민의 맥락에서 팔레스타인 사람들의 권리를 부정**하고** 서구 부르주아 문명의 집단학살 유발 경향을 부정한 결과를 마치 내다본듯이 개략적으로 설명한다. [옮긴이: 즉, 그 결과 역사는] 반복될 것이다. 똑같은 일이 기계적으로 반복되는 것이 아니라 파괴의 충동이 다시 한번 튀어나올 것이다. 부정은 '오직 파괴로 끝나고 말 뿐이다.'[4]

(이 대량학살 및 홀로코스트 또는 목록에 오른 수많은 대량학살 사이의 수없이 많은 차이점과 더불어) 기후는 이러한 논

---

4 Amnon Raz-Krakotzkin, 'Benjamin, the Holocaust, and the Question of Palestine', in Amos Goldberg and Bashir Bashir (eds), *The Holocaust and the Nakba: A New Grammar of Trauma and History* (New York: Columbia University Press, 2019), 90.

쟁에 또 다른 차원을 더한다. 만일 팔레스타인의 파괴가 적어도 어떤 의미에서 지구의 파괴라면, 그렇다면, 당연하게도 팔레스타인 사람들은 서구 부르주아 문명 **전체와** 맞서고 있는 것이다. 자산을 소유하지 못한propertyless 나머지 인류도 마찬가지이다. 이러한 인식이 기운을 북돋는지 아니면 맥 빠지게 하는지에 대해서는 논란의 여지가 있다. 그러나 만일 뉴욕 및 그 밖의 다른 곳의 거리에서 행진하고 있는 사람들이 이 지구의 점점 더 많은 지역에서 그러는 것처럼 가자 지구의 아이들을 계획적으로 재와 숯덩이로 전락시키는 사회에 반감을 품게 되었다면, 나는 그들에게 별다른 조언을 하지 않을 것이다. 그들이 그러는 것이 옳은 일이기 때문이다.